历史方法论

姚从吾 著

新校本

九州出版社 | 全国百佳图书出版单位 | 台海出版社

图书在版编目(CIP)数据

历史方法论：新校本／姚从吾著. -- 北京：九州出版社, 2024.3. -- ISBN 978-7-5225-2730-7

Ⅰ.K061

中国国家版本馆 CIP 数据核字第 2024UN8456 号

历史方法论（新校本）

作　　者	姚从吾　著
责任编辑	姬登杰　张里夫
出版发行	九州出版社
地　　址	北京市西城区阜外大街甲 35 号（100037）
发行电话	（010）68992190/3/5/6
网　　址	www.jiuzhoupress.com
印　　刷	鑫艺佳利（天津）印刷有限公司
开　　本	880 毫米×1230 毫米　　32 开
印　　张	3.5
字　　数	90 千字
版　　次	2024 年 10 月第 1 版
印　　次	2024 年 10 月第 1 次印刷
书　　号	ISBN 978-7-5225-2730-7
定　　价	26.00 元

★版权所有　　侵权必究★

姚从吾先生遗像

目 录

第一讲 导 论 …………………………………… 001
　一、历史、历史方法论与历史学 …………………… 001
　二、通论与专题研究 ………………………………… 002
　三、方法与工作是互相助长的，方法，简单说即是
　　　有效的经验 ……………………………………… 003
　四、历史与哲学、文学三者的关系，有时虽若不可
　　　分离，但三者的使命却截然不同 ……………… 004
　五、"认识客观的事实"与"事实求真、注重证据"
　　　 ……………………………………………………… 006
　六、介绍最近中译的两本历史名著 ………………… 007
第二讲 近代欧洲历史方法论的起源 …………… 008
　一、历史、历史方法论与历史学 …………………… 008

二、近代欧洲历史方法论的起源 ………………… 009

三、尼博儿创立语言文字的治史方法与他对于
    李维五斯《罗马史篇》的批评 ……………… 011

四、乐克的治史方法与他对于近代历史学的贡献 …… 015

第三讲 略论直接史料中几类最佳的史料 ………… 020

一、说直接的史料 ………………………………… 020

二、文字类直接史料的分类 ……………………… 021

三、当事人事后追记的举例 ……………………… 023

第四讲 说史料的解释 ………………………………… 040

一、史料何以需要解释？ ………………………… 041

二、史料解释的方法 ……………………………… 045

三、解释史料的五忌 ……………………………… 053

四、余　论 ………………………………………… 055

第五讲 转手记载不如原书的举例 …………………… 056

一、以《通鉴》比较《史记》《汉书》 …………… 056

二、以《通鉴》比较《汉书》 …………………… 058

三、以《续通鉴》（卷九十五）比《辽史》（卷三〇）
    《天祚纪》。以西辽主耶律大石创建西辽事为例
    …………………………………………………… 063

四、同上，以《耶律大石致回鹘王毕勒哥书》为例
.... 065

五、以邵远平的《元史类编》（卷二十八）《塔塔统阿传》比《元史》（卷一二四）《塔塔统阿传》
.... 066

第六讲　略论历史学的补助科学 069

一、语言学（Sprachenkunde 或 Philologie）......... 070

二、古文字学（Schriftkunde 或 Paläographie）...... 075

三、古文书学或"公文学"（Urkundenlehre 或 Diplomatik）...................................... 078

四、印章学（Siegelkunde oder Sphragistik）......... 080

五、泉币学（Münzkunde 或 Numismatik）......... 082

六、族谱学与家世学（Genealogie und Personalnachweis）
.... 083

七、纹章学或徽章学（Wappenkunde 或 Heraldik）
.... 084

八、年代学（Chronologie oder Zeitrechnung）...... 085

九、地理学与历史的地理 086

后　记 .... 杜维运 092

第一讲 导 论

——历史方法论与历史学的若干补充的说明

一、历史、历史方法论与历史学

1. 历史,简单说是一件"具有影响力的事实",(或者说一种"有影响力的事变")它们的发生与自身演变的经过。2. 历史书,是一种"有影响力事实"(或事变)的发生与它发生后的演变与经过的记载。3. 前者是一度实现过的事实,后者是人类追念所经历这一段事变所留下来的记录;原则上说,两者应当是彼此符合的。4. "事实记载"与"客观的事实"符合者,叫作信史。但历史书(事实的记载)与一度曾经实现过的事实,因为记载者见仁见智,立场各异,因而此详彼略;与时代的转变,记事者的看法各有不同，因是往往彼此不能符合；甚至有时互相冲突。这样，在研究工作时，就需要一种多方面努力的说明，与如何使它们两相符合的方法了。5. 研究如何使"事实"与"事实记载"能作到彼此符合，或者说：如何使我们作的或读的历史，成为一种信史；这些方法，就是历史方法论。6. 综合的研究一种"事实"（事变），并解说一种"事实"（事变）如何发生的理论；如何写成文辞优美的信史的方法，如何获得一种"事变"公正的说明与合理的解释的学问，就是历史学。

二、通论与专题研究

1. 研究历史的方法，包括广泛。因有常识与专业的不同。因此方法论也可以分作"通论"与"专题研究"两个步骤。2. 通论式的历史方法论，是讨论研究历史的学人，应具备的历史学方面的各种常识。例如：怎样储备必需的语言文字的工具；怎样兼习有关人文科学，利用其他人文科学的知识，以发现新问题，解释新问题；怎样熟悉应当知道的基本材料；怎样归纳，怎样推论；怎样辨别比较直接或间接的史料；怎样从史料的外部与内容上运用批评，获得认识事实的真面目，等等都是。3. 专题研究，是指导作专题时的如何储备工具，如何选定题目；如何下手工作，把一件"事实"考证明白的一些比较高深探讨与细密的方法。4. 前者是一般的，通论的；也是基础的，入门的；后者是局部的，专攻的，并且是有其特性的。

三、方法与工作是互相助长的，方法，简单说即是有效的经验

1. 方法寓于工作之中，不从事研究工作，也可以说就没有一套切实的工作方法。2. 方法出自经验，但经验却不等于方法。那就是说，不是所有的经验，都可以当作方法的。方法可以说是"有效的经验"。3. 方法与工作的关系，可以拿骑马与游泳作为示例。（1）想学骑马，就须骑在马的身上，留心乘骑，摔了几个筋斗（跟头），克服了所遭遇的一些困难，久而久之熟练了，有经验了，即会骑马了。（2）游泳也是如此。穿上游泳衣，跳在水中，喝了几口水，久而久之，知道了门路，也就会游泳了。若是但看"骑马术"或"游泳术"的书，或者高谈阔论如何骑马，如何游泳；不骑在马上，或不跳入水中，那是永远学不会骑马与游泳的。4. 学理与实践应力求互相辅导与相互配合。假设不妨定的远一点，高一点；但证明必须精密，求证须要细心，这样所求得的结果，总会是切实的，正确的。

四、历史与哲学、文学三者的关系，有时虽若不可分离，但三者的使命却截然不同

1. 历史与文学在上古与中古以前，常常是分不开的；而历史与哲学也往往如躯干之于精神，不能分离。但近代科学分类日精，研究日密，情形即大不相同了。而且历史与哲学、文学三者，所负的使命也截然不同。2. 兹略作浅显的说明，期能帮助了解三者间的关系。（1）哲学家的使命是画佛，追求的是"至善"，昭示的是智慧，是悟解，对问题企图获得一个根本的解释，与圆满的解决。至于有没有佛？佛是一位或者多位，那就是次要的问题了。（2）文学家是画美人，追求的是"客观的优美"。昭示的是幻想，是欣赏；是体验，也是慰藉。例如旧小说《红楼梦》中的十二金钗，各有各的形态，各有各的个性，各人也各有自己的美丽与风度。黛玉与宝钗不同，探春也和湘云有别。但实际上有没有黛玉、宝钗？有没有探春、湘云？那也就无人注意了。历史是画我，追求的是真实，历史上人物——面貌各异，时代不同，汉朝的刘邦，不是唐朝的李渊；元朝的成吉思汗，也不是清朝的努尔哈赤，历史所昭示的是"已实现过的事迹"；与有"史料可据的记载"，又有"事实自身的遗留"（古物）。从这些材料、往迹中可以得到

检讨，比较或反省。可以看清或认识现在的由来与现状前进的演变。3. 再就历史的使命说，它的任务是回溯往事，利用经验看清现在，兹以《韩非子·说难篇》中所说的"老马识途"的故事为例。相传齐桓公伐孤竹国，入山迷道。管仲等曰："老马之识可用也。"乃纵老马前行，大军随后。马能识途，遂得正道。4. 重视智慧的启发，认为智慧对人类历史的进步具有启发指导的作用，是极端重要的。例如《三国志》卷二十所说"曹冲用舟称象"的故事。《三国志》说："冲智意所及，有若成人之智。时孙权曾送巨象，至许昌，太祖欲知其斤重，访之群下，莫能出其理。冲曰：置象大船之上，而刻其水痕所至，称物以载之，则校可知矣。太祖大悦，即施行焉。"这就是现在过磅方法的发明。这些智慧的启发，对于人类的历史说，往往具有划时代的作用。这一类哲学上科学上原则原理的发明，自是明珠宝石，人类在时间空间上创造精神的表现。5. 历史学所最忌讳的是空论与狡辩。如《列子·汤问篇》，借两小儿因早晨日大、中午日小；或中午日热，早晨日凉；争辩与日距离的远近，作为假设，以难孔子，说："孔子不能对。"但这些只是一时悬想的狡辩，古人纵然一时不得其解，现在科学发达，知道了地圆的道理，却都能解释了。

五、"认识客观的事实"与"事实求真、注重证据"

1. 历史上一切的"事实"的发生，都是有客观发生的原因的。物质不灭，事实发生以后，痕迹与影响永在。后人对于已发生的事实，只有虚心承认，努力试作真象的了解，与多方面的说明，以期明白事实发生的前因后果。却不应，也不能将事实加以屏弃，歪曲或误解。2. 德国历史哲学家海格耳（F. Hegel，1770—1831）在所著《世界历史哲学》中说："凡是实现的，都是有道理的"（德文原文：was geschehen ist，ist vernünftig），成了十九世纪以后历史学界的格言。这就是说：历史上已发生的事体（小的一件事实，大的一种事变），都各有发生的理由（或者说道理），但不一定都是合理的。例如中日战争以前，日本人曾占领我们的东三省，美与北韩曾在板门店的定约议和，与美国目前在越南的苦战；都各有侵略邻国的借口，与不得不和、不得不战的道理；若说合理，那就有些勉强了。德文 vernünftig 这个字，一般都解作"有道理的"。例如天气浓阴，你出门时拿了一把雨伞，或携一件雨衣，你的房东太太就会对你说："很有道理。"（Du bist vernünftig！）若说"合理"就未免有些太过了。认识事实在客观上存在的价值，才能作多方面平心静气的探讨与研究。这一点，对我们东方人说,甚为重要,应请大家加以注意。3."画我须是我",想着有个我在,就必须把握住,并举示"我"的特征。因此,历史上的事实,必须求真,欲得真象,必须注重证据。这就是前人所说的"无征不信"。

六、介绍最近中译的两本历史名著

1.《历史的教训》原名 The Lessons of History,美国名作家杜兰特(Will and Ariel Durant)夫妇合著,一九六九年出版。内容共十三篇,英文翻印本与中文译本(大江丛书出版者为郑纬民译本)均易买到。一九六九年二月的中文版《读者文摘》曾有提要式的介绍。

2. 王任光先生中译英国卡耳教授(Prof. Ed. H. Carr)的《历史论集》一九六八年十月译成,去年春季出版。原书共分六篇,是由六次的演讲稿汇编而成的。这本小书本名《什么是历史?》主旨是讨论当代历史学上的一些重要问题。例如历史是否是科学?历史上的因果关系应如何解释?我们今后在历史的研究上应持什么样的态度?等等。译文明白流畅,应详加阅读。

第二讲　近代欧洲历史方法论的起源

一、历史、历史方法论与历史学

历史，简单说，是指"一件具有影响力的事实"，或者说"一种具有影响力的事变"与这一事实或这一事变的发生与自身演变的经过。历史书，是指"一种有影响力事实"或"一种有影响力事变"的发生与发生后的演变与经过的记载。前者是一度实现过的事实，后者是人类追念经历这一段事实所留下来的记录。原则上说，两者应当是彼此符合的。"事实记载"与"客观的事实"符合者，在我国则叫作信史。但历史书（事实的记载）与一度曾经实现过的事实，因为记载者见仁见智，立场各异，由是而往往此详彼略。又因时代的转变，记事者的解说各有不同，因之也往往各尊所知，彼此不能符合；甚至有时互相冲突。这样，在有兴趣的专家去作研究工作时，就需要一种多方面努力的指导与解说，如何使它们两相符合的方法了。研究如何使"事实"与"事实记载"两者能作到彼此符合；或者说：如何使我们写作的历史与阅读的历史，都是一种比较可信的历史；这些方法，就是历史方法论。综合的研究一种"事实"（或者说"事变"），并解说一种"事实"（"事变"）如何发生的理论；如何写成文辞优美的信史的方法，与如何获得一种"事变"公正的说明和合理的解释的学问，就是历史学。因此，德国近代历史方法论专家班海穆教授（Prof. Dr. E. Bernheim, 1854—1937）在所著《历史方法论与历史哲学》名著中，对"历史学"所下的定义，就是："历史学是研究与叙述人类社会行为事迹的进化与这些事迹间因果关系的科学。"[注一]

二、近代欧洲历史方法论的起源

研究史料的来源，批评史料的真伪，和怎样解释史料，是近代（特别是十九世纪）欧洲历史方法论所倡导的几种科学研究的精神。现在就个人所知，略述这种学问的起源，与一二大师对这种学问努力的经过，以助了解。

欧洲（特别是德国）从前的历史学者，只知道述古，附会宗教，不知道什么是创作。高文典册又大都掌握于修士（神父）、僧官（主教、僧正）之手，这些学人有所著述，往往都拿自己所喜欢的一种记载，或自己所知道的一二种旧闻、轶事作为根据，加以藻饰，写成历史。并不注意自己所根据的材料是否确实，或是否完备。材料的来源如何？可信的成分有多少？写的人与读的人都不注意。大家又都喜欢别人成说，但也只图适合自己的成见，并不怀疑这种"成说"因袭转变的情形，和这种"成说"的本身是否有依据的价值。

十八世纪晚年到十九世纪初期德国的史学界犹充满这种"抱残守阙"、卫教泥古的思想。自十九世纪初期史学大家尼博儿（Barthold Georg Niebuhr, 1776—1831）、乐克（Leopold von Ranke, 1795—1886）两位大师的名著，相继问世，创立了一种"语言文字的批评方法"（die philologisch-kritischen Methode），开始从语言文字方面下手，追寻史料形成的来源，批评史料可信的程度，建立一种信信疑疑的客观标准。由是学者治史的态度，耳目一新；研究历史所采用的方法，为之改观。于是历史的研究法，才渐渐从因袭的变成进化的，从主观的变成客观的。近代历史学与考古学的研究，在西欧各国中比较上德国甚为发达。现在略举上述十九世纪，德国大历史家尼博儿与乐克的治史方法与评史的态度，作为近代历史方法论这一学科兴起的说明与举例。

三、尼博儿创立语言文字的治史方法与他对于李维五斯《罗马史篇》的批评

尼博儿是著名游历家喀斯吞·尼博儿（Karsten Niebuhr）的儿子。一七七六年生于丹麦京城考盆哈根（Kopenhagen），一八三一年死于波恩（Bonn），平生治学长于语言，尤喜史学，特别是古代史。初为普鲁士官吏，任驻罗马代办，后为柏林大学历史教授。名著有《罗马史》（*Römische Geschichte*，第一、第二本，一八一一——一二年初版）、《罗马史讲演集》（*Verträge über die Römische Geschichte*）等。尼博儿在近代史学界中是语言批评派的创立人。德国首先从语言文字方面下手，批评旧有史料的学者，尼博儿实为较早的一人。瑞士取立希大学教授费特儿（Ed. Fueter, 1876—1928）在所著《现代史学的历史》（*Geschichte der Neueren Historiographie*，1911/1935 再版，1914 译成法文）曾叙及尼博儿开创新历史学的功劳，撮录要点如下以著梗概：

> 从前的学者，拘守旧闻，不知搜求材料，征引古书，也常说明出处；但他们志在夸示博学，拉古人替

自己圆谎，并不注意批评选择的工夫。志在欣赏文辞的优美，情节的新奇，并不问记事是否可信与可信的程度。语言批评派的史学家，受近代科学的指示，完全不是如此。他们对史料，不但不杂宗教、种族与文学的偏见，并且对史料常持寻源、怀疑与批评的态度。第一，要问材料的来源如何？即是史料本身是否是原手的史料？第二，要问所用材料是否羼杂有后人的意见？曾否被人修改？第三，原手史料不存，方许用最早的副料（转手的史料），但副料不能代替原料。第四，原料与副料价值的判断，依时间、地域、亲见或传闻为主；不偏重文辞的是否优美与形式的是否完备。第五，要注意记载人记载事实的动机与态度。尼博儿即是这一派的开创人。（以上采自《现代史学的历史》四六一——四六七面。）

上文是当年德国语言文字批评派尼博儿所创立寻源研究的五大原则，就历史方法论的立场说，甚为重要。费特儿在原书《现代史学的历史》中，也有举例的说明。可惜原书所举实例都是西洋史书中的人或事，不加说明，不易了解。今举示若干吾国史书的例子，作为代替的说明。第一，所说要问"材料的来源如何？"即是说：你所依据的材料，是不是原作者的亲笔著作？例如，你引用《史记》，但这些被你引用的《史记》是否是司马迁自己写的真东西？第二，是否羼杂有后人的意见？曾否被人修改？这里若就《史记》说，就有问题了。现在《史记》一百三十篇，虽不能说曾被人修改，但《史记》中羼杂有褚少孙的补文，则是事实。这里就必须说明，我所引用的是纯粹司马迁的原文（如《项羽本纪》之类），绝对没有褚少孙的补文。第三，原手的史料不存，方许用最早的副料；但副料不能代替原料。这里我们若仍以《史记》作例，我愿意举示《史记》中卷一百一十的《匈奴列传》。因为《匈奴列传》在《史记》中，虽是一篇难得的外国强大民族的列传，但照德国语言文字批评派的说法，不能算作"原始的史料"。因为（1）匈奴人是汉朝人的"对手方"（敌人），另有自己的语言文字，另有自己的看法和活动，不是汉朝人所能代替的。（2）可惜的是匈奴人自己很少有原始的史料保存下来，所以物以罕为贵，《史记》中的《匈奴列传》和班固的《汉书》（卷九十四）《匈奴传》一样，也成为难得的史料了。（3）但大家必须注意，《史记·匈奴列传》虽为难得，但只是汉人司马迁的记录，不能算作原始的史料。至于第四类史料价值的判断与第五类记事人的动机与态度若何？容易了解，就不再加说明了。

尼博儿从语言文字方面下手批评当时欧洲现存有关罗马人的史料，说明何者可信，何者可疑，议论散见于《罗马史讲演集》与他的名著《罗马史》。他的《罗马史》不仅为后来孟荪教授（Th. von Mommsen, 1817—1903）名著《罗马史》的前驱；当时也确曾震动德国的学术界。当他一八一一年到一八一三年在柏林大学讲演《罗马史》的时候，大学者像罗马法学史大家萨维尼（Friedrich K. V. Savigny, 1779—1861）等，都出席听讲；并和他作讲习的朋友，常常往来。大诗人葛德（Wolfg. von Goethe, 1749—1832）在他的《罗马史》第一册出版的时候，曾特别写信给他表示敬意。

尼博儿和乐克可以说都是"实事求是，不泥古人"的批评家。他们二人对古史的批评与科学的新历史学的创立，贡献很大。现在举一短例，以见尼博儿用科学方法研究历史的开创精神。李维五斯（Livius 59/64 BCE—CE17）是西历纪元初年罗马历史的大著作家，曾著《罗马史一百四十二篇》（*Die Römische Geschichtschreiber in 142 Bücher*），文词优美，议论新奇，为后来研究罗马史的人所喜欢引用。在古史中的地位，约等于我国史中马绣所收编的《绎史》（一百六十卷）[注二]，但全书抄自他书，又多采异说，真伪杂糅，不可凭信。尼博儿首先持批评的态度，从文字语言方面下手，详细分析李维五斯著作的种种缺点，具体的指出，那些是与实际情实不相符合，那些是全部的或局部的钞袭他书。经过尼氏一番考证、批评以后，学者对于李维五斯的书信心动摇。从此研究罗马古史的人，方不拘守旧日成说，有兴趣从古文书、古遗物中寻求实证，使伟大的罗马史间架确立，因而有孟荪优美可信的《罗马史》^(注三)。

四、乐克的治史方法与他对于近代历史学的贡献

乐克一七九五年生于德国土灵根（Thüringen）。初为高级中学教员，一八二四年名著《一四九八年到一五三五年间罗马民族与日耳曼民族的历史》（*Geschichten der Romanischen und Germanischen Völker von 1498 bis 1535*）出版，因书后附有长文，用批评的方法去研究历史，见解新颖，文章优美，所以轰动一时，次年即被任为柏林大学副教授。一八三二到一八三六年编辑《历史政治杂志》（*Historisch-Politischen Zeitschrift*），一八四一年任为普鲁士史官，一八六五年升为贵族，一八八六年死于柏林。

乐克是十九世纪德国的大历史学家，著作宏富。最著名的，除上述《罗马民族与日耳曼民族的历史》以外，尚有《罗马教皇史》、《德国宗教改革史》、《普鲁士史》、《英国史》、《法国史》、《义大利史》、《世界史》等。

乐克批评史料的方法与对于近代史学的贡献，异常伟大，不愧是当年应用科学方法研究历史的开创人。柏林大

学近代史教授史太因斐耳德（Prof. Dr. Richard Sternfeld, 1858—1926）一九二四年曾选集乐克著述中关于研究大人物的各篇，自为一书。从希腊的太米斯陶客耳斯（Themistokles）起，到卑士麦止，名《历史人物论》（*Historische Charaktebilder*）。他曾在序言中描写乐克对近代史学的贡献，极为扼要，今选译序言一段，以见梗概。

今年（一九二四）实为"德国新史学"诞生的百年周年。一八二四年乐克《罗马民族与日耳曼民族的历史》出版，原书后附录一文，名《近代历史作者评议》（*Zur Kritik Neuerer Geschichtschreiber*）。自此文出世，近代历史学科学研究的新基础，方正式确立。……此书在科学上的贡献，约分两点：第一，用锐利的眼光，批评史料的来源。第二，对史事立明确的见解，并由此认识它与时代环境的关系。

乐克对史料的批评，兹举一例。十五世纪义大利史学家古伊齐阿底尼（Guicciardini, 1483—1540）的著作《义大利史》，至近代大享盛名，各大国文字都有翻译。世人都拿他比希腊、罗马的杜曲底得斯（Thucydides，英文读修西底得斯）与他齐土斯（Tacitus）。乐克用客观的观察，批评古伊齐阿底尼的书，证明原书大半皆无批评的抄自他书。书中所举重要事迹，多与真象不符。条约与文书，皆意为去取，演说与辞令，半由臆造，记事不可尽信。同时主张，搜罗案牍、报告、古物与亲见亲闻的史料，如公告、日记、书札等，引用"原手史料"（primärquelle），以说明当日历史经过的真相。所以乐克在《罗马民族与日耳曼民族的历史·序言》中说："'世人皆以为历史的职务，在鉴既往，明当代，以测将来。本书并无此等奢望，所要说的只是往事曾经如何而已。'……乐克的主张，简单说，即是赤裸裸的记述往事；不加任何藻饰。详细研究各个史事，不知道的存疑，切戒加以臆造，与杂以浮辞，再由各个史事的联贯中，了解它们间相互的关系。……"（以上《历史人物论·序言》，页九——十一）^{（注四）}

附注：

注一：班海穆教授（Prof. Dr. E. Bernheim）是德国十九世纪末与二十世纪初期有名的历史方法论家。名著《历史方法论与历史哲学》（*Lehrbuch der Historischen Methode und der Geschichts Philosophie*），一九〇八年第六版，厚达八百四十二页，为德国二十世纪四十年代历史学者奉行的经典，声名远在法国近代史学方法论专家 Ch. V. Langlois 与 Ch. V. Seignobos 二位学者之上。班氏又有一部小书，名《历史学导论》（*Einleitung in die Gechichtswissenschaft*），一九二六年版，收入

《葛申丛书》（*Sammlung Göeschen*）二七〇号，尤为有名。日本岩波文库（一二〇八——一三〇九）坂口昂与小野铁二曾有合译本。鄙人民国二十三年回国以后，任教北京大学时，曾加以翻译，用于历史方法论的参考讲义。迁台以后，台湾大学张致远教授曾节译为中文，名《史学讲话》，一九五二年在《现代国民基本智识丛书》中出版。上述定义即是依据导论译成的。近年商务印书馆《汉译世界名著》中，有陈韬翻译班氏的书，名《史学方法论》，厚五百二十二页。既无序言，又无说明，不知是从日文翻译成中文的，或者是从德文翻译成中文的。译文读起来也不甚明白，而译"班海穆"（Bernheim）为"伯伦汉"，也似与德文的读法不甚切合。

注二：这里只是一个比喻而已，使人约略知道李维或李维五斯《罗马史汇编》的大略情况。马绣（一六二〇——一六七三），清初上古史专家，字聪御，一字宛斯，山东邹平人。清顺治己亥（一六五九，顺治十六年）进士，为顺天乡试同考官，后为安徽省灵璧的知县，卒于官。终身精研上古史，著有《左传事纬》十二卷，《附录》八卷。又编纂自开辟至秦末，为《绎史》一百六十卷，所以人称马三代。《绎史》博引古籍，疏通辨证，虽不免抵牾，然人服其宏博，可以说与李维五斯的《罗马史汇编》有些相似。

注三：关于尼博儿的学说，与他的生平，看（1）外荪哈得（F. Eyssenhardt）的《尼博儿事略》（*Barthold Georg Niebuhr: ein Biographischer Versuch*, 1886）；（2）《现代史学的历史》（pp. 461—471）；（3）古曲（G. P. Gooch）《十九世纪的历史与历史家》（1913, pp. 14—24）；（4）黎特（M. Ritter, 1840—1923）《历史科学的进化》

(*Die Entwicklung der Geschichtswissenschaft*, 1919, pp. 314—332) 等。关于尼博儿的生平与罗马史研究，可惜中文方面，到现在尚少有人介绍。

注四：关于乐克的生平、著作与学说，看（1）Hans F. Helmolt 的《乐克的生平与著作》（*Leopold Rankes Leben und Wirken*）（1921）；（2）费特儿《近代史学史》pp. 472—485；（3）古曲《十九世纪的历史与历史家》pp. 76—169；及（4）史太因斐耳德与费特儿书中所举各种参考书。（5）黎特（M. Ritter）《历史科学的进化》（*Die Entwicklung der Geschichtswissenschaft*, 1919, pp. 362—421）也很扼要的。关于乐克的生平与学说，张致远教授曾有专文介绍，名《兰克的生平与著作》，一九五二年出版，后收入《张致远文集》（"国防研究院"本）页一二四到一四五。

第三讲　略论直接史料中几类最佳的史料

一、说直接的史料

史源学中所说最佳史料的第一种，是直接的史料，其次是无意的史料。甚么是直接的史料呢？简单说，它与已发生的事实有直接的关联，最能把"往事曾经如何如何"和把"往事的真象"等等告诉我们。直接的史料应包括以下的几种。（一）当事人"直接的观察与直接的回忆"。这是德国历史学家班海穆（E. Bernheim）给最佳直接史料所下的定义；也是直接史料最高的一种标准，或者说一种最高的境界。德文叫作 Unmittelbare Beobachtung und Erinnerung。这一类的直接史料，实际上是不常有，但是最可宝贵。（二）其次是指"一切与事实有直接关系的史料"。无论遗物与记载，凡是与已发生的事实有关系的材料，均可归入此类。（三）至少它必须是"同时人的记载"（zeitgenösische quellen），比方唐人记唐事，宋人记宋事，而不是宋人记唐事或唐人记晋事。例如北宋大史学家司马光编纂的《资治通鉴》（《资治通鉴》共二九四卷）有考异（即是批评），有见解，叙事又有分寸，是一部到现在我们仍都喜欢阅读的好史书。但《通鉴》是一部创作，或好的通史。除五代——卷二六六—二九四——时期，有同时人记事的价值，可以和新旧五代史相等以外，而不是好的史料。（四）还有一点，直接的史料必须是第一手的史料或者说原手的史料，而不是第二手的史料或转手的史料。史料一经转钞或编纂，即成为转手的或第二手的东西。就性质上说，它即降为间接的史料，而非直接的史料了。

二、文字类直接史料的分类

文字类的直接史料，又可分为下列三大类。1. 当事人直接的记事与遗著。这一类，如公文中的诏令（例如汉高帝《求贤诏》，宋元祐皇后为高宗即位《告天下手书》等）、奏议（如李斯《谏逐客书》、王安石《本朝百年无事劄子》等）、书牍中的重要通信（如王安石与司马光的往来的书信、元好问的《上耶律中书令书》等)、金石文字中的铭刻（如《燕然山铭》、阙特勤碑等)、谈话记（从口头谈话流传下来的直接史料）中的"语录"、对话（如《朱子语类》、元李治的《王庭问对》等，口供附见此类)、调查报告中的直接出使报告（如莱项视察团的报告，彭大雅、徐霆的《黑鞑事略》等)、交涉语录（如宋人《使辽语录》中的陈襄语录等）等等，都是最有价值的史料。这一类的直接史料，就中有一大部分是官书，官书的通病是：（1）偏重帝王、政治；（2）忽略文化、社会；（3）有代笔，有顾忌，记事不可尽信。（4）囿于局部、偏于主观。这些自然都须经过严格的批评，经过比较，方可采用。但就中有许多直接的史料，如上举的书牍、语录、口供（如李秀成的口供等)、对话等则均极有价值。我们从前把书信、谈话录等当文章小说看待，那是全错了，现在应当加以纠正。2. 当事人事后的追记，一切回忆录、游记、行程录、旧事记等，都可归入这一类。这一类在我国历代的掌故、别录中，保存的也特别多，下文将分类选引短文若干节，作为举例。3. 同时人对第三者的记载。例如墓志、别传、神道碑等。这一类名目繁多，凡不属于第一、第二两项者，即可归于这一类。这一类也不胜枚举，只能于讲述时，择要言之。

三、当事人事后追记的举例

当事人事后的追记,依性质又可分为"记事"(追记往事)、"记人"(追记前人)、记地(追记前游)、"自述"与其他(凡性质相近而又不属于上列四种者属之)五类。它们在史料上的价值,以记录的早迟作正比例。就中直接记述者,入第一类。非直接记述者,统归此类。兹为便于了解计,每一目中,各举若干小节,作为示例。并各择一种,选录原文一二小段,或全文,以示这类直接史料,记述往事如何经过的价值。

A. 追记往事

例如金末刘祁的《归潜志》(十四卷,《知不足斋丛书》本),王鹗的《汝南遗事》(四卷,指海本),沈三白的《浮生六记》(有通行本与林语堂英汉对照本,记清代士大夫的家庭生活等)。梁任公(启超)《戊戌政变记》(虽然他自己说要打折扣,仍然为研究"戊戌政变"的重要史源),王冷斋的《七七事变回忆记》(王为七七事变时候的宛平县长兼行政督察专员,作于民国二十七年,曾登国内及香港各华文报)等,都属于这一类。南宋初年徐梦莘编的《三朝北盟会编》(二五〇卷),收录这一类的好史料极多，所以《三朝北盟会编》一书，在史源学上的价值也甚高。兹举刘祁《归潜志》（卷十一）所记《录大梁事》一二小节，如左（下）。

刘祁《录大梁事》

刘祁（一二〇三—一二五〇），字京叔，金朝末年的社会贤达，著作有《归潜志》。这一篇记金哀宗在一二三二—一二三三年抵抗蒙古大帅速不台围攻开封的情形，甚质实可信。文长五千字，原载《归潜志》卷十一。

……三月北兵迫南京（开封），上下震恐。朝议封皇侄某为曹王，命尚书右丞李蹊等，奉以为质子，于军前乞和。北兵留曹王营中，李蹊等回，具言："彼虽受之，实待援兵，京城将不免于被攻！"明日，北兵果树砲攻城，大臣皆分主方面，时京城西南隅最急，完颜白撒主之。西北隅尤急，赤盏合喜主之。东北隅稍缓，丞想完颜赛不主之。独东南隅未尝被攻。时人情汹汹，皆以为旦夕将不支！

末帝（后称为哀宗）亲出宫巡四面，劳军，故士皆死战。帝从数骑，不张盖，纵路人观。余时在道左，欲诣陈便宜，忽见一士人捧章以进，帝令左右受之，谕曰："入宫看读，当候之。"余谓此时当马上览奏行事，今云"入宫"，又虚文也，遂趋去。已而其事竟无闻。……

B. 追记前人

我国是农业社会，孝亲敬长，视为美德，所以家传、行述、先妣事略……一类的追记前人的文字，非常的多。兹举因记人而可考见往事曾经如何如何者。（一）司马迁《太史公自序》（追念司马谈一段），（二）班固《汉书》卷一百《叙传》（上）（记班彪一段），（三）唐慧立《慈恩法师传》，（四）钱德洪《阳明先生年谱》，（五）归有光《先妣事略》，（六）陈布雷《追念张季鸾先生》等。时代远，不亲切，以文胜者不录。假造的谈话和感情，如韩愈的《祭十二郎文》、欧阳修的《泷冈阡表》等，都是经不起冷静的考验与严格的批评的。兹再选录（1）归有光的《先妣事略》，（2）欧阳修的《泷冈阡表》，（3）韩愈的《祭十二郎文》三篇，以资比较。

1. 归有光——《先妣事略》

归有光（一五〇六—一五七一），明嘉靖进士，昆山人，著有《归震川集》，《明史卷》二八七，《文苑传》有传。工散文，长于叙事，描写明代（十六世纪）士大夫社会的公私生活，极生动亲切，近时有人称他是我国"素封的文学家"，这篇选自《归震川先生集》卷二十五。

先妣周孺人，弘治（一四八八——一五〇五）元年二月十一日生，年十六来归；逾年，生女淑静；淑静者，大姊也；期而生有光。又期而生女子，殇一人，期而不育者一人。又逾年，生有尚，妊十二月。逾年，生淑顺。一岁，又生有功。有功之生也，孺人比乳他子加健。然数颦蹙顾诸婢曰："吾为多子苦！"老妪以杯水盛二螺进，曰："饮此，后妊不数矣。"孺人举之尽，喑不能言。正德八年（一五一三）五月二十三日孺人卒。诸儿见家人泣，则随之泣，然犹以为母寝也。伤哉！于是家人延画工画遗容。出二子命之曰："鼻以上画有光，鼻以下画大姊"，以二子肖母也。

孺人讳桂，外曾祖讳明，外祖讳行，太学生，母何氏，世居吴家桥，去县城东南三十里。由千墩浦而南直桥，并小港以东，居人环聚，尽周氏也。外祖与其三兄皆以赀雄，敦尚简实，与人姁姁说村中语。见子弟甥侄无不爱。孺人之吴家桥，则治木绵，入城，则缉纑（纺线），灯火荧荧，每至夜分。外祖不二日使人问遗。孺人不忧米盐，乃劳苦若不谋夕。冬月炉火炭屑，使婢子为团，累累暴阶下，室靡弃物，家无闲人，儿女大者攀衣，小者乳抱。手中纫缀不辍。户内洒然。遇僮仆有恩，虽至棰楚，皆不忍有后言。吴家桥岁致鱼蟹饼饵，率人人得食，家中人闻吴家桥人至，皆喜。有光七岁，与从兄有嘉入学，每阴风细雨，从兄辄留，有光意恋恋，不得留也。孺人中夜觉寝，促有光暗诵《孝经》。即熟读，无一字龃龉，乃喜。

孺人卒，母何儒人亦卒，周氏家有"羊狗之疴"，舅母卒，四姨归顾氏，又卒，死三十人而定。惟外祖与二舅存。

孺人死十一年，大姊归王三接，孺人所许聘者也。十二年，有光补学官弟子，十六年而有妇，孺人所聘者也。期而抱女，抚爱之，益念孺人。中夜与其妇泣，追惟一二，仿佛如昨，余则茫然矣。世乃有无母之人，天乎痛哉！

2. 欧阳修——《泷冈阡表》

欧阳修（一〇〇七—一〇七二），字永叔，北宋人，为古文八大家之一，《宋史》卷三百十九有传，著作有(1)《欧阳文忠公全集》（一百五十三卷），(2)《新五代史》，(3)《新唐书》等。他是宋代的大文学家，也是名历史家，故他记述他父亲的这一篇墓表，颇值得注意。

呜呼，惟我皇考崇公，卜吉于泷冈之六十年，其子修始克表于其阡，非敢缓也，盖有待也。

修不幸生四岁而孤，太夫人守节自誓，居穷自力于衣食，以长以教，俾至于成人。太夫人告之曰，汝父为吏廉，而好施与，喜宾客，其俸禄虽薄，常不使有余，曰，毋以是为我累，故其亡也，无一瓦之覆，一垄之植，以庇而为生，吾何恃而能自守邪，吾于汝父，知其一二，以有待于汝也。自吾为汝家妇，不及事吾姑，然知汝父之能养也。汝孤而幼，吾不能知汝之必有立，然知汝父之必将有后也。吾之始归也，汝父免于母丧方逾年，岁时祭祀，则必涕泣曰，祭而丰不如养之薄也。间御酒食，则又涕泣曰，昔尝不足，而今有余，其何及也。吾始一二见之，以为新免于丧适然耳，既而其后常然，至其终身，未尝不然，吾虽不及事姑，而以此知汝父之能养也。汝父为吏，尝夜烛治官书，屡废而叹，吾问之，则曰，此死狱也，我求其生不得尔。吾曰，生可求乎？曰求其生而不得，则死者与我皆无恨也，矧求而有得邪。以其有得，则知不求而死者有恨也。夫常求其生，犹失之死，而世常求其死也。回顾乳者抱汝而立于旁，因指而叹曰，术者谓我岁行在戌将死。使其言然，吾不及见儿之立也，后当以我语告之。其平居教他子弟，常用此语，吾耳熟焉，故能详也。其施于外事，吾不能知，其居于家，无所矜饰，而所为如此，是真发于中者邪。呜呼，其心厚于仁者邪，此吾知汝父之必将有后也，汝其勉之。夫养不必丰，要于孝，利虽不得博于物，要其心之厚于仁，吾不能教汝，此汝父之志也。修泣而志之不敢忘。

先公少孤力学，咸平三年，进士及第，为道州判官，泗绵二州推官，又为泰州判官，享年五十有九，葬沙溪之泷冈。

太夫人姓郑氏，考讳德仪，世为江南名族，太夫人恭俭仁爱而有礼，初封福昌县太君，进封乐安、安康、彭城三郡太君，自其家少微时，治其家以俭约，其后常不使过之，曰，吾儿不能苟合于世，俭薄所以居患难也。其后修贬夷陵，太夫人言笑自若曰，汝家故贫贱也，吾处之有素矣，汝能安之，吾亦安矣。

自先公之亡二十年，修始得禄而养，又十有二年，列官于朝、始得赠封其亲，又十年，修为龙图阁直学士尚书吏部郎中，留守南京，太夫人以疾终于官舍，享年七十有二，又八年，修以非才入副枢密，遂参政事，又七年而罢。自登二府，天子推恩，褒其三世，故自嘉祐以来，逢国大庆，必加宠锡，皇曾祖府君、累赠金紫光禄大夫、太师中书令,曾祖妣累封楚国太夫人,皇祖府君累赠金紫光禄大夫、太师中书令兼尚书令,祖妣累封吴国太夫人,皇考崇公,累赠金紫光禄大夫、太师中书令兼尚书令,皇妣累封越国太夫人,今上初郊,皇考赐爵为崇国公,太夫人进号魏国。

于是小子修泣而言曰,呜呼,为善无不报,而迟速有时,此理之常也。惟我祖考,积善成德,宜享其隆,虽不克有于其躬,而赐爵受封,显荣褒大,实有三朝之锡命,是足以表见于后世,而庇赖其子孙矣。乃列其世谱,具刻于碑,既又载我皇考崇公之遗训,太夫人之所以教,而有待于修者,并揭于阡,俾知夫小子修之德薄能鲜,遭时窃位,而幸全大节,不辱其先者,其来有自。熙宁三年,岁次庚戌,四月辛酉朔,十有五日乙亥,男推诚保德崇仁翊戴功臣观文殿学士特进行兵部尚书知青州军州事兼管内劝农使充京东路安抚使上柱国乐安郡开国公食邑四千三百户食实封一千二百户修表。

3. 韩愈——《祭十二郎文》

韩愈(七六八—八二四),唐邓州南阳人,《旧唐书》卷一六〇、《新唐书》卷一六〇均有传。唐宋八大家古文中的第一家,著作有内集四十卷,外集十卷等。

年月日,季父愈闻汝丧之七日,乃能衔哀致诚,使建中远具时羞之奠,告汝十二郎之灵。

呜呼!吾少孤,及长不省所怙,惟兄嫂是依。中年兄没南方,吾与汝俱幼,从嫂归葬河阳。既又与汝就食江南,零丁孤苦,未尝一日相离也。

吾上有三兄,皆不幸早世。承先人后者,在孙惟汝,在子惟吾。两世一身,形单影只,嫂尝抚汝指吾而言曰:"韩氏两世,惟此而已。"汝时尤小,当不复记忆。吾时虽能记忆,亦未知其言之悲也。

吾年十九,始来京城,其后四年而归视汝,又四年吾往河阳省坟墓,遇汝从嫂丧来葬。又二年吾佐董丞相于汴州,汝来省吾,止一岁,请归取其孥。明年丞相薨,吾去汴州,汝不果来。是年吾佐戎徐州,使取汝者始行,吾又罢去,汝又不果来。吾念汝从于东,东亦客也,不可以久。图久远者莫如西归,将成家而致汝。呜呼!孰谓汝遽去吾而没乎!吾与汝俱年少,以为虽暂相别,终当久与相处,故舍汝而旅食京师,以求斗斛之禄。诚知其如此,虽万乘之公相,吾不以一日辍汝而就也!

去年孟东野往,吾书与汝曰,吾年未四十,而视茫茫，而发苍苍，而齿牙动摇。念诸父与诸兄皆康强而早世，如吾之衰者，其能久存乎？吾不可去，汝不肯来，恐旦暮死，而汝抱无涯之戚也。孰谓少者殁而长者存，强者夭而病者全乎！呜呼！其信然邪？其梦邪？其传之非其真邪？信也。吾兄之盛德而夭其嗣乎？汝之纯明而不克蒙其泽乎？少者强者而夭殁，长者衰者而存全乎？未可以为信也。梦也，传之非其真也。东野之书，耿兰之报，何为而在吾侧也！呜呼，其信然矣！吾兄之盛德而夭其嗣矣！汝之纯明宜业其家者不克蒙其泽矣！所谓天者诚难测，而神者诚难明矣。所谓理者不可推而寿者不可知矣。

虽然，吾自今年来，苍苍者或化而为白矣。动摇者或脱而落矣。毛血日益衰，志气日益微，几何不从汝而死也。死而有知，其几何离。其无知，悲不几时，而不悲者无穷期矣。汝之子始十岁，吾之子始五岁。少而强者不可保，如此孩提者，又可冀其成立邪？呜呼哀哉！呜呼哀哉！汝去年书云，比得软脚病，往往而剧。吾曰，是疾也，江南之人常常有之，未始以为忧也。呜呼！其竟以此而殒其生乎？抑别有疾而至斯乎？汝之书，六月十七日也。东野云汝殁以六月二日。耿兰之报无月日，盖东野之使者不知问家人以月日，如耿兰之报不知当言月日，东野与吾书，乃问使者，使者妄称以应之耳。其然乎？其不然乎？今吾使建中祭汝，吊汝之孤与汝之乳母。彼有食可守以待终丧，则待终丧而取以来。如不能守以终丧，则遂取以来，其余奴婢，并令守汝丧。吾力能改葬，终葬汝于先人之兆，然后惟其所愿。

呜呼！汝病吾不知时，汝殁吾不知日，生不能相养以共居，殁不得抚汝以尽哀。敛不凭其棺、窆不临其穴，吾行负神明而使汝夭。不孝不慈，而不得与汝相养以生，相守以死。一在天之涯，一在地之角，生而影不与吾形相依、死而魂不与吾梦相接，吾实为之，其又何尤。彼苍者天，曷其有极！自今以往，吾其无意于人世矣。当求数顷之田于伊颍之上，以待余年。教吾子与汝子幸其成，长吾女与汝女待其嫁。如此而已，呜呼！言可穷而情不可终，汝其知也邪？其不知也邪？呜呼！哀哉，尚飨。

C. 追记前游

指记述异国、异地的亲身考察与所见所闻，包括（一）出使报告如南宋赵珙的《蒙鞑备录》，徐霆、彭大雅的《黑鞑事略》，乌古孙仲端的《北使记》（刘祁代作）（见《秋涧大全集》，《玉堂嘉话》），常德的《西使记》等。（二）

异地旅行记。如晋法显的《佛国记》，唐玄奘的《大唐西域记》；元耶律楚材的《西游录》，邱处机的《西游记》，马哥孛罗的《游记》，梁任公的《欧游心影录》等。（三）旧地回忆录。如宋元老的《东京梦华录》，周密的《武林旧事》，吴自牧的《梦粱录》等。（四）视察访问报告。如周去非的《岭外代答》、赵汝适的《诸蕃志》，莱项视察报告等。（五）其他游记、旅行记，凡能将一地域的实况，一民族的生活情景告诉后人者，均属此类。游记，旅行记所述多系作者的亲身经历，后人可以从这印象记、视察记中得知一地域，一时代，一民族的实际状况，所以尤为可贵。

南宋使臣所述十三世纪蒙古人的养马方法

南宋使臣赵珙、彭大雅、徐霆等，具有观国卓识，三人在所著《蒙鞑备录》、《黑鞑事略》中所记十三世纪蒙古人的养马方法，观察精细，了解正确。就史料的价值说，极为难得。从这些记载中，我们也可以联想到当时南宋人才的众多与在文化上地位的崇高。

1. 赵珙《蒙鞑备录》。（第八，马政节）论蒙古人的养马与备"从马"："鞑国地丰水草，宜养马。其马初生一二年，即于草地苦骑而教之，却养三年，而后再乘骑。教其初是以不蹄啮，千百成群，寂无嘶鸣。下马不用控系，亦不走逸，性甚良善。日间未尝刍秣，惟至夜方牧放之。"（以上养马）"凡出师，人有数骑，日轮一骑乘之，故马不困弊，（日轮一骑乘之，应作轮换乘用。）谓之从马。"（以上从马）

2. 彭大雅的观察。"（三七节）其马，野牧，无刍粟。六月餍青草始肥。壮者，四齿则扇；故阔壮而有力；柔顺而无性。能（耐）风寒，而久岁月。不扇，则反是，且易嘶骇，不可设伏。凡驰骤勿饱。既解鞍以绳索之，而仰其首。待其气调息平，四蹄冰冷，然后纵其水草。牧者谓之兀刺赤。回回居其三，汉人居其七。"（以上《黑鞑事略》，原书凡顶格者，为彭大雅所记，低两格者为徐霆所补。）

3. 徐霆的补充描写。"霆尝考鞑人养马之法，自春初罢兵后，凡出战好马，并恣其吃水草，不令骑动。直至西风将至，则取而控之，系于帐房左右，啖以些少水草。经月后，膘落而实，骑之类百里；自然无汗。故可以耐远而出战，寻常正行路时，并不许其吃水草。盖辛苦中吃水草，不成膘而生病。此养马之良法。南人反是，所以马多病也。""兀刺赤（管马官）的职掌。凡马多是四五百匹为群队，只一兀刺赤管。兀刺赤手执鸡心铁挝，以当鞭垂，马望之而畏。每遇早晚，兀刺赤各领其所管之马群，环立于主人……帐房前，少顷，始各散去。每饮马时，其井窟止可饮四五马，各以资次先后，于于自来，饮足而去。次者复至。若有越次者，兀剌赤远挥铁挝，俯首驻足，无或敢乱，最为整齐。""移剌马。'其马群中另畜有移剌马，领管众马。每移剌马一匹，管骒马五六十匹，骒马出群，移剌马必咬踢之，使归，或他群移剌马逾越而来，此群移剌马必咬踢之。挚而有别，尤为可观。'"

D. 自述

自述也是直接史料中一种可珍贵的史料。价值视自述者的地位、事业，与自述文的本身是否详尽而定。（一）自述创业艰难。如明太祖朱元璋的御制皇陵碑、朱氏世德碑等。（二）自述生平（全部的、部分的）。如班固的《叙传》，汪辉祖的《病榻梦痕录》，梁启超的《三十自述》，胡适之先生的《四十自述》等。（三）自述所见所闻。这一类甚多，略举一二种，以著梗概。如司马光的《涑水纪闻》，邵伯温的《邵氏闻见录》，北宋马扩的《茅斋自叙》，元陶宗仪的《辍耕录》等。就中以朱元璋的皇陵碑，最为难得，亲切朴实，时有佳句，故全录之。

御制皇陵碑（见《纪录汇编》卷一、《七修类稿》卷七）

明太祖朱元璋

洪武十一年（一三七八）夏四月，命江阴侯吴良督工新造皇堂。予时秉监窥形（时已五十岁），但见苍颜皓首，忽思往日之难辛。况皇陵碑记，皆儒臣粉饰之文，恐不足为后世子孙戒。特述艰难，明昌运，俾世代见之。其辞曰：

昔我父皇，寓居是方，农业艰辛，朝夕彷徨。俄尔天灾流行，眷属罹殃；皇考终于六十有四，皇妣五十有九而亡。孟兄先死，合家守丧。田主德不我顾，呼叱昂昂。既不与地，邻里惆怅。忽伊兄之慷慨，惠此黄壤。殡无棺椁、被体恶裳，浮淹三尺，奠何殽浆。

既葬之后，家道惶惶。仲兄少弱，生计不张，孟嫂携幼，东归故乡。值天无雨，遗蝗腾翔；里人缺食，草木无粮，予亦何有？心惊若狂。乃与兄计，如何是常？兄云去此，各度凶荒。兄为我哭，我为兄伤。皇天白日，泣断心肠。兄弟异路，哀动遥苍。汪氏老母，为我筹量。遣子相送，备醴馨香。空门礼佛，出入僧房，居未两月，寺主封仓。众各为计，云水飘扬，我何作为？百无所长。依亲自辱，仰天茫茫。既非可倚，侣影相将，冥朝烟而急进，暮投古寺以趋跄。仰穷崖崔嵬而倚碧，听猿啼夜月而凄凉。魂悠悠而觅父母无有，志落魄而徜徉。西风鹤唳，俄淅沥以飞霜。身如蓬随风而不止，心滚滚乎沸汤，一浮云乎三载，年方二十而强。

时乃长淮盗起，民生扰攘。于是思亲（乡）之心昭著，日遥盼乎家邦。已而既归，仍复业于觉皇。住方三载，而又雄者跳梁。初起汝颍，次及凤阳之南厢。未几陷城，深高城隍，拒守不去，号令彰彰。友人寄书，云及趋降，既忧且惧，无可筹详。傍有觉者，将欲声扬；当此之际，逼迫而无已、试与知者相商。乃告之曰："果束手以待罪，亦奋臂而相戕？"

知者为我画计，且荐阴以默相。如其言往，卜去守之详（祥）。神乃阴阴乎有警，其气郁郁乎洋洋。卜逃卜守则不吉，将就凶而不妨。

即起趋降而附城，几被无知而创。少顷获释，身体安康。从愚朝暮，日日戎行。元兵讨罪，将士汤汤，一攫不得，再攫再骧，移营易垒，旌旗相望。已而解去，弃戈与枪。予脱旅队，驭马控缰，出游南土，气舒而光。倡农夫以入伍，事业是匡。不逾月而众集，赤炽蔽野而盈冈。率度清流，戍守滁阳。思亲询旧，终日慨慷。知仲姊已逝，独存驸马与甥双。驸马引儿来我栖,外甥见舅如见娘。此时孟嫂亦有知,携儿挈女皆从傍。次兄已殁又数载,独遗寡妇野持筐。因兵南北,生计忙忙。一时会聚如再生,牵衣诉昔以难当。

于是家有眷属,外练兵钢。群雄并驱,饮食不遑。暂戍和州,东渡大江。首抚姑熟,礼仪是尚。遂定建业,四守关防。砺兵秣马,静看颉顽。群雄自为乎声教,戈矛天下铿锵。元纲不振乎彼世祖之法,豪杰何有乎仁良。

予乃张皇六师,飞旗角亢,勇者效力,智者赞襄。亲征荆楚,将平湖湘。三苗尽服,广海入疆,命大将军东平乎吴、越、齐、鲁,耀乎旌幢,西有乎伊、洛、崤、函,地险河湟。入胡都而市不易肆,虎臣露锋刃而灿若星芒。已而长驱乎井陉,河山之内外民庶咸仰。关中即定,市巷笙簧,玄菟乐浪以归版籍,南藩十有三国而来王。倚金陵而定鼎,托虎踞而仪凤凰。天望星高而月辉沧海;钟山镇岳而峦接乎银潢。欲厚陵之微葬,卜者乃曰:"不可!而地且藏。"于是祀事之礼已定,每精洁乎蒸尝。惟劬劳罔极之恩难报,勒石铭于皇堂。世世承运而务德,必仿佛于殷商。泪笔以述,难谕嗣以抚昌。稽首再拜,愿时时而来飨。

第四讲　说史料的解释

这一讲拟讨论的问题，是"史料的解释"。即是：第一，史料解释的意义与史料何以需要解释？第二，如何解释史料？即是略谈史料的解释的若干方法。与第三，解释史料时最当注意避免的错误，是些什么？这一章也叫作《解释史料的五忌》。第四，上文所不容纳者，辑为余论。主旨偏重陈述经验，与工作时的举例述事，期于对国史的研究，获得启示。还有一点，预先声明：这里所说的解释，是偏重记载类史料自身方面语言文字与感情的沟通，不注意理论与观念的是否正确。

史料的解释，简单说，就是依照史料的种类与性质说明它本有的含义；由此认识它所表现事实的真象与价值，以期对于事实得到一种正确的了解。解释史料的学问，希腊文叫作 Hermeneutik（英文 Hermeneutics），意思即是"一种文书的如何解释与说明",含有"训诂"、"翻译"、"说明"几个意思。就中通晓古训解释古书中的字义与文义以期对文书所含本义的了解,尤为重要。

德国史学家班海穆教授(Bernheim)对于史料的解释分为三类:(1)记载类史料的解释,(2)古物类史料的解释,(3)传说类史料的解释。大体说是依据史料的性质,施用解释的方法。比如说:(1)记载类史料的解释须有语言学古文字学文法学的训练与素养;须能充分应用有关系的语言文字,以期能贯彻了解,触类旁通。(2)古物类史料的解释,须能利用纹章学,古文字学,年代学,美术史等各种辅助科学。(3)传说类史料的解释,语言文字以外,须了解民俗学、考古学、神话学、民族心理学等。现在把初学治历史者对于史料解释所应当知道的一些常识约为四项,分述如下。

一、史料何以需要解释?

史料何以需要解释?我们可以用下列的一些经验,回答这个问题。

1. 语言文字方面的需要

时过境迁,语言文字有了变化,因此后人对于前人的记载不易了解,需要一种说明式的解释。古书中的专名,译语，方言，俗话，如"区脱"、"单于"、"冒顿"、"肃慎"、"撒花"、"宁馨儿"、"腹里"、"阿堵"……均属此类。就中"阿堵"一词，当是魏晋时代的俗语。照字面说，今已不易了解。但此字就见于《世说新语》一书所引者共有四次，归纳之，应释作"这个"或"这些"。兹选作例子，并运用归纳法加以解释如左（下）。

（1）《世说新语》卷上（文学第四）："殷中军见佛经云：'理亦应阿堵上。'"意思就是说"理亦应在这个上"。

（2）同上（卷中）（规箴第十）："王夷甫（衍）雅尚玄远，常嫉其妇贪浊。口未尝言钱字。妇欲试之，令婢以钱绕床，不得行。夷甫晨起见钱阁行。呼婢，曰：'举却阿堵物！'"意思就是说："拿开这些东西！"

（3）同上（卷下）（巧艺第二十一）："顾长康（恺之）画人，或数年不点目睛。人问其故。顾曰：'四体妍蚩，本无关于妙处，传神写照，正在阿堵中。'"意思就是说："传神写照，正在这个上头。"

（4）同上（卷中，雅量第六）："桓公（温）伏甲、设馔，广延朝士，欲诛谢安王坦之。王甚遽问谢曰：'当作何计？'谢神意不变曰：'晋阼存亡，在此一行！'相与俱前，王之恐状，转见于色。谢之宽容，愈表于貌。望阶趋席，方作洛生咏讽，浩浩洪流。桓惮其旷远（雅量），乃趋解兵。"（以上王义庆本文）刘孝标注，引《文章志》又说：

"桓温登新亭，大陈兵卫，呼安及坦之欲于坐害之。……安神姿举动，不异于常。举目遍历温左右卫士，谓温曰：'安闻诸侯有道，守在四夷。明公何于壁间着阿堵辈！'温笑曰：'正自不能不尔！'然矜庄之心顿尽，命却左右，促燕行觞，笑语移日。"这里的"何于壁间着阿堵辈"意思即是说："为什么在壁间，安置这些人们？"

以上我们把《世说新语》中四处所说的"阿堵"归纳起来，用换字法，换成单数的"这个"，或多数的"这些"，上列四条都可说的通，那末它们的意思，我们就都知道了。也就是说都能解释了。我们调换的结果，可以确定：魏晋时代"阿堵"一辞的意思，就是"这个"，或者说"这些"。[明郎瑛《七修类稿》（二十一）辨证类，把"阿堵"解释作"这里"，自然不合。通行的《辞海》（合订本一四一六页）对"阿堵"繁称博引，但仍不得要领。就上面归纳所得，自以解作"这个"或"这些"方见妥帖。]

2. 逻辑与文理上的需要

古书中或史料中常有许多语汇，或常用词，就现在通行的文理说，已解说不通，或不合情理。势须归纳、比证，另求解说，方能心安理得。或当事人的态度，前后矛盾，亦须依据当时情势，加以说明，方能理解。我国历史历年久远，史料繁多，这种在逻辑上，语意上矛盾不易理解甚多。兹举以下二例，以见一斑。（1）例如"终日"二字，普通都作"一日",或口语"一天"解释。但古书中则有许多处,照逻辑或文理上说,是不能解作"一日"或"一天"的;它必须另有解说,方能说得通。①《史记》(一〇五)《扁鹊仓公列传》:"虢太子死,扁鹊至虢宫门下,问中庶子喜方者,曰:'……闻太子不幸而死,臣能生之。'申庶子曰:'先生得无诞之乎?''终日'扁鹊仰天叹曰:云云。"②《吕氏春秋·贵卒篇》曰:"所谓镞失者,谓其应声而至。'终日'而至则与无至同。"③《素问·脉要精微论》:"言而微,'终日'乃复言者,此夺气也。"这三段书中的"终日"均不能当作"一日"解释。这些地方的终日只是"良久"的意思。(以上参看王念孙《读书杂志》卷三)

(2) 人事方面,如北宋末年宋人对金人忽和忽战的矛盾态度。北宋钦宗时(一一二六至一一二七),金人(女真)突骑南下,侵略北宋,宋人不能抵抗。钦宗既无定见,朝野态度更是前后矛盾。金人来了,则割地求和,有求必应,金兵北归,则又议论纷纭,均说"祖宗疆土,不可与人"。这些正可以看出北宋与女真强弱悬殊,和北宋人战既不能,和又不甘的窘迫情形。

3. 心理上的需要

这里又可分为:(一)研究者心理的转变所需要的解释,与(二)社会群众心理的转变,对于某些人或某些事,看法不同所需要的解释。前者如陈寿纪魏而传吴蜀,而朱子的《纲目》则断然以蜀为正统。又如《宋史》的表彰道举。后者如近人对商鞅、王安石、秦始皇、汉武帝等人态度的转变。

4. 技术名辞上的需要

此指史料中所含技术方面的专门术语等所需要的解释。如"从马"、"扫道"、"伴当"、"安答",是十三世纪草原社会蒙古人等的术语。"鹅洞炮"、"拐子马"、"震天雷"是军事上的术语。"租庸调"、"一条鞭"、"六筦"等是财政赋税制度史的术语。又如二十四史中的《天文志》《历律志》,不懂天文学、历学、音乐学,恐都不能得到满意的解释。

5. 风俗习惯上的需要

如"乞巧"、"同姓不婚"、"扫墓"、"缠足"、"纳妾"是从前汉民族的风俗习惯。"钩鱼"、"射柳"、"烧饭"、"固姑冠"、"辫发"是北方和东北民族的风俗习惯。时代不同,看不见即不容易了解了,这些都需要解释。

二、史料解释的方法

除开语言文字的困难,或特殊的考证,需要专门的解释,在这里不容易述说,可以不谈以外,通常求得一种史料中"术语"或"名辞"解释的方法,约略言之,则有下列的几种。

1. 归纳法

求得史料中疑难的解释，最稳妥的方法，是运用归纳法。归纳法（Induktion）旧称内籀法，与演绎法（Deduktion, deduction）相对待，用以由特殊推知一般。例如从种种特殊事例中，归纳出一条一般可知的原理。或者列举一著作、一时代、一地域中流行的术语，或专门名辞，研究比证，求得一种合理的说明。这种方法，就叫作归纳法。（德文叫作Schluss-folgerung vom Besonderen aufs Allgemeine，从各种特殊事例中，求得一般的结论。）如上文所举《世说新语》中"阿堵"一辞的解释，即是一个例子。（归纳法最普通的例子，如说：人、兽、草、木皆有死，无一例外。而人、兽、草、木皆为生物，因此得一结论："故知凡生物皆有死。"）由是知，考证史料时归纳法的使用，必须注意下列两个条件。一是必须具足。即是列举时，不能有遗漏，也即是不能断章取义。二是不能有例外。若有例外，所得结论，即不正确。

（1）归纳法的举例

除上所举以"这个"或"这些"释"阿堵"一例外，兹再举屈翼鹏先生，以"无良"或"缺德"解释《诗经》中的《罔极》作为第二例子。（屈先生所著的论文《罔极解》，见一九五〇年的《大陆杂志》第一卷第一期。）《诗经》中说到"罔极"的，计有以下几处。

①《蓼莪》篇 "欲报之德，昊天罔极。"旧注释作"如天之无穷，不知所以为报"，当非本谊。

②《卫风·氓》篇 "士也罔极，二三其德。""罔极"朱子释作"无中"。

③《园有桃》篇 "不我知者，谓我士也罔极。"郑氏注极为中，实在应作无良。

④《小雅》 "为鬼为蜮，视人罔极。"朱注作"无穷极之时"，不合，应作视人无良。

⑤《小雅》 "谗人罔极，交乱四国。"朱注："极犹已也"，不合，仍应解作无良。

⑥《小雅》 "谗人罔极，构我二人。"应同上，作为无良。

⑦《大雅·民劳》篇 "无纵诡随，以谨罔极。"郑笺："罔极，无中也。"以谨罔极，应即少作缺德之事。

⑧《桑柔》篇 "民之罔极，职凉善背。"这里的罔极，也即是无良。

(2) 上举实例的说明

著者广引各家的解说，并加以归纳，结论如下。

①王引之《经义述闻》解"昊天罔极"作"昊天不惠"或"昊天不佣"；不惠不佣，也即是无良。②汉司隶校尉鲁峻碑："悲蓼莪之不报，痛昊天之靡嘉。"甚得诗人之

意,"靡嘉"不正是无良么？③《左传僖公二十四年》：富辰谏狄患曰："女德无极，狄必为患。"这里解无极为不合中道，那也即是无良了。④《左传昭公二十六年》：王子朝使告于诸侯曰："晋为不道，思肆其罔极。"这里的罔极也可以作为无良的解释。总之，归纳《诗经》中所说的罔极，即是无极，也就是无良，或不合中道。引申之，就是缺德。用无良或缺德解释上列《诗经》中的"罔极"，均可迎刃而解，郑笺朱注的摸索附会，未得真解，也就可以明白了。

2. 演绎法

旧称外籀法，即是"由一般推知特殊"的方法。例如说："凡生物皆有死，人为生物，故知人必有死。"但这种演绎的方法，用之人事往往易致错误。例如某甲穿破烂的衣服，他是一个偷东西的贼。某乙也穿破烂的衣服，你能武断的就说，某乙也是贼么？所以演绎法在运用的时候，是应当谨慎小心多加留意的。

3. 类推法

类推法（Analogie），一曰"类比推理"。就是"以两物的相同点或相似点为根据，而推比其信于此者，亦可信于彼"。兹举示一二实例以资说明。以《三国志》所说曹冲衡象的方法为例。陈寿《三国志》（卷二十）《魏志邓哀王冲传》："少聪察岐嶷，生五六岁，智意所及，有若成人之智。时孙权曾致巨象，太祖（曹操）欲知其斤重。访之群下，咸莫出其理。冲曰：'置象大船之上，而刻其水痕所至，称物以载之，则校可知矣。'太祖大悦，即施行焉。"近人认为这一类比推理的结论，即是中国人最早发明过磅原理的证据。以《朱子语类》所述张髯（音学，治角谓之髯）造舟的方法为例。《朱子语类》（辑略本卷八页二五一）："张髯福建人，尝知处州。有人欲造大舟，不能计其所费，问之。张云：'可造小舟，以寸折尺，便可计算。'后又有人欲筑绍兴围神庙墙，召匠计之，云：'费八万缗。'其人用张法，（类比推理）自筑一丈长，算其墙，可值二万，遂以四万与匠者。董事内官无所得，遂（相）与奏，绍兴贫，不如自出钱。太后遂自出钱，费三十二万缗。"（以上《万有文库》二集本。）这里我们所注意的是他们所启示的类比推理的方法。以汉宋对外战为例。我国北方与东北区的游牧民族，重养马，善骑射，机动强悍，长于攻战。匈奴人是如此（《汉书》九十四《匈奴传》，四十九《晁错传》），契丹人，女真人（《辽史营卫志》，《金史兵志》），蒙古人（《黑鞑事略》）也是如此。同时南朝如西汉初年高帝、惠帝不知道养马、重马，所以平城的被困，是由于刘邦所统军队大部分是步兵，高后的被轻慢，也是由于军事上不能抵抗匈奴。到了汉武帝时代数经挫败，知道求天马了，战争的局势，即逐渐转变。北宋的不能与契丹女真蒙古对抗，自然也与马政不修为重大的关键。我们可以依据这些类似的实情，以推断汉宋对外战争胜败的关系。(《廿二史劄记》卷二七，宋金二史不符处，宗弼渡江宋金史互异，宗金用兵须参观二史等，皆指出很好的类推法，与比较法，可参看。)此外依据古钱币推知一时代的货币；拿现在非洲、台湾高山族及一切未开化的土人的社会，推知古代的社会等如美国麾根"古代社会"中所说的方法，都是很好的类推法。

4. 比较法

论述史事，应当注重比较，这也是大家都知道的。现在举示一二具体的实例，以资启发。(1)宋仁宗庆历七年(一〇四七)"贝州（今河北清河县）王则叛乱，讨平之者明镐（《宋史》二九二有传），文彦博（《宋史》三一三有传）也。"而赵翼认为，《宋史》叙述有关诸人传，各专首功。须比较互证方能明白。《郑骧传》(《宋史》三〇一有传）则云："王则反，讨平之。"意似骧一人之功矣。又《杨燧传》谓："燧攻贝州，穴城以入，贼平，功第一。"《刘阒传》(三五〇）又谓："阒从攻贝州，穿地道先入，众始从。遂登陴，引绳度师，迟明师毕入。贝州平，功第一。""则即穴城一事，又各擅第一功矣。"若遇这类的史料，不互相比较，何以定诸人在贝州一役所建功勋的高下？(2)《宋史》(三一九)《刘敞传》:（仁宗皇祐二年，一〇五〇）"夏竦卒，赐谥文正。敞言：谥者有司之事，（议而后定），竦行不应有美赐。疏三上，乃改谥文庄。"敞传述他一人抗议此事，略不及司马光。《宋史》（三三六）《司马光传》则说："夏竦卒赐谥文正。光言：'此谥之至美者。竦何人，（岂）可以当之！'乃改文庄。"《司马光传》也一样没有提到刘敞。抗议夏竦谥文正，是刘敞与司马光有相同的主张，不把两人的列传比较研究，这种相同的主张即无由得知。（以上参看赵翼《廿二史劄记》卷二十三，"宋史数人共事传各专功"条。）（3）拿希腊的文物哲学，比我国的春秋战国诸子百家；拿我国的西汉或隋唐比欧洲古代的罗马帝国；拿我国旧日的国都长安与洛阳，比较西方旧日的都会罗马或君士但丁堡；拿《金史》卷一《世纪》，比较十三世纪初早的《元朝秘史》等等，若材料选择得当，经由比较对照，自可对于所讨论问题，有更亲切的了解与更清新的认识。

5. 利用有力的反证解决史料中的歧说与冲突

（1）鱼豢《魏略》说："诸葛亮先见刘备，备以其年少轻之。亮说以荆州人少，当令客户皆著籍以益众，备由此知亮。"但是陈寿在《三国志·诸葛亮传》（《蜀志五》）则说："先主诣亮，凡三往乃得见。"两说分歧不同，到底哪一说可信呢？我们应当举出一个更为有力的证据，即是诸葛亮在（前）《出师表》中所说："先帝不以臣卑鄙，猥自枉屈，三顾臣于草庐之中，咨臣以当时之事。由是感激，遂许先帝以驱驰。"以证明《魏略》之说的不可信，而陈寿的说法是确实的可信。（以上参看梁启超《中国历史研究法》第五章《史料之搜集与鉴别》。第二，鉴别史料之方法，辨伪事部分。梁先生的这一章极佳，应该熟读。）（2）《宋史》卷三百六十四以下，两国交兵，各夸胜讳败，故纪传所记不可尽信，必须参看两国史书，方得有所折中。铺叙南宋中兴诸将韩世忠（三六四），岳飞（三六五），刘锜、吴玠、吴璘（三六六），李显忠（三六七），张俊、刘光世（三六九）等的战功，似乎也是战无不胜，攻无不克的样子。但是与南宋对敌的《金史》，对于上述诸人的战功，不但语焉不详，而反铺叙金方应战诸人如宗弼（《金史》卷七十七），赤盏晖（《金史》八〇），鸟延蒲辖奴（《金史》八十六），纥石烈志宁（《金史》八十七）诸人的战胜攻取，未尝败北。结果是金人平定了中原各地。我们参对宋金二史，则知宋史虽奢言高宗中兴，南迁定都，但算起总账，仍不免对金称臣议和。不但徽钦二帝未能迎归，而且以淮水中流为界退保江南，淮北疆土，并未恢复。这证明了中兴诸将，只是抵挡住了女真人的侵略，军事上并未获得可以胜人的优势。这种双方各夸战功、各执一说的冲突，是可以从比较双方记载，找出平衡的折中的。（以上参看赵翼《廿二史劄记》卷二十七，宗弼渡江宋金二史互异，宋金用兵须参观二史诸条。）

三、解释史料的五忌

以下诸点是解释史料时所最当忌避的。

1. 强不知以为知

例如李文田所作《元秘史注》，书中强不知以为知的例子就很多。秘史前面有蒙文译音"忙豁仑，纽察，脱察安"八个汉字。李氏的解释忙豁仑为蒙古氏，纽察与脱察安是两个作者。实则，忙豁仑就是蒙兀儿（蒙古）。纽察意是机秘。脱察安就是《元史》中的"脱卜赤颜"意即实录。合译之就是"蒙兀儿秘史"（元朝秘史）。此外以蒙可为"谋克"，以绅卡为"大太子"，其例甚多，不胜枚举。屠敬山先生的《蒙兀儿史记》因为牵涉的范围太广了；屠先生又想求全，也不免有同样的缺陷。（如卷一《世纪》以"蒙古为银"。原注"寄案契丹为铁，女真为金，蒙兀为银，皆取坚固之义"，非是。"银"字在蒙古文中虽与"蒙古"音近，实在另为一字。）卷二页十六以"烧饭"为野灶之类。又如梁任公解释居庸关过街塔上的五种文字，说是学者考定，汉字以外，一、蒙古，二、畏兀，三、女真，四、梵也。（《中国历史研究法》）凭空以六种为五种，又妄加一种"女真字"这就是强不知以为知了。（《现代评论》第二卷页四九—五○，译有桑原骘藏的《读梁启超的中国历史研究法》。）

2. 附会

例如：（1）拿春秋的列国会盟附会现在的国际公法。(2) 以《墨子》中的飞鸢，《帝王世纪》中的飞车，附会现代的飞机。(3) 前人以"阳雒僧麟莫稚角存"，意即"愿主长乐子孙昌炽"（《后汉书》卷一一六《南蛮传》），八字作图章，竟有人附会与洪亮吉（稚存）有关系。（原文见民国三十三年天津出版的《国闻周报》）。

3. 断章取义，妄改原字

例如：（1）王国维先生说阻卜即是辽金时代的鞑靼。（见所著《鞑靼考王忠慤公遗书》）。而徐炳昶先生则说阻卜不是鞑靼，认王先生的举例有断章取义的嫌疑。（见所著《阻卜非鞑靼考》）（《女师大学术季刊》第一号。）（2）明陆深《河汾燕闲录》说："隋开皇十三年十二月八日，敕废像遗经悉令雕撰。"叶德辉《书林清话》说："陆氏此语，本费长房历代三宝记。其文本曰：'废像遗经悉令雕撰。'意谓废像则重雕，遗经则重撰（造）耳。……而（日人）岛田翰（著有《雕板渊源考》）必欲合陆说，遂谓明人迨见旧本，必以雕撰为雕板，不思经可雕板，废像亦可雕板乎？"一字之错，可以把雕板印刷，提早一百多年，可证关系之巨。（3）王念孙《读书杂志》（七）说：连语，上下同义，不可分训。如"马或奔踶而致千里"，颜师古训踶为蹋，就未免误解原义。实在奔踶，即是奔驰。

4. 以先入之见，歪曲事实。(盲目的史观派多有此类毛病。) 违反客观的态度。

5. 把可能性当作已实现的事实。(旧派历史家，多有这种偏见)。

四、余 论

此外更有应注意者数事。

1. 须知上述"方法运用时，适可而止的分际"。

如用比较方法时，应注意历史事实，只有类似没有全同。应注意比较逾越限度，即变成附会。归纳某书一名词所得结论，往往因受材料的限制，不能使人完全满意。

2. 须知区别单一史实与整段的历史。如解释北宋与辽的关南誓书是单一的史实。若解释宋朝整个对外交涉的失败则为整个史迹，二者应有区别。不可混淆。

3. 须知区别史料解释与所谓历史观。前者是分析史料与认识史料，后者是对整个历史的一种看法。

总之，历史学者解释史料，目的在对史料（大部分是文字的史料）得到正确的了解，希望能明了由史料所表现以往事实的真象。欲得上述方法的效用，第一，须常识丰富，运用得当。第二，须兼通必须具备的补助科学。第三，史料若属记载，须精通有关系的语言文字。我们必须对史料有了正确的了解，方能对于史事作一种正确的说明。

第五讲　转手记载不如原书的举例

一、以《通鉴》比较《史记》、《汉书》

取《通鉴》卷十四《汉纪》所述，中行说与汉使的对话比较《史记》（卷一百一十）、《汉书》（卷九十四）《匈奴传》。

1.《通鉴》（卷十四）——"汉使或訾笑匈奴俗无礼义者，中行说辄穷汉使，曰：匈奴约束径，易行。君臣简，可久。一国之政，犹一体也，故匈奴虽乱必立宗种。今中国虽云有礼义，及亲属益疏，则相杀夺，以至易姓，皆从此类也。嗟！土室之人，顾无多辞，喋喋占占！顾汉所输匈奴缯絮米蘖，令其量中，必善美而已矣，何以言为乎？

且所给备善则已;不备,苦恶,则候秋熟以骑驰蹂而稼穑耳!"

2.《史记》(卷一百一十)、《汉书》(卷九十四)《匈奴传》

> 《汉书》九十四《匈奴传》与《史记》一百一十《匈奴列传》略同。兹为区别,不再重录,凡加括号者表增添或改易,如(经)(取)等。

汉使或言曰:"匈奴俗贱老!"

中行说穷汉使曰:"而汉俗屯戍,从军当发者其老亲岂有不自(夺)(脱)温厚肥美,齐送饮食行戍(者)乎?"

汉使曰:"然。"

中行说曰:"匈奴明以攻战为事,其老弱不能斗,故以其肥美饮壮健者,盖以自为守卫。如此各得久相保。何以言匈奴轻老也?"

汉使曰:"匈奴父子乃同穹庐而卧,父死,妻其后母。兄弟死尽取其妻妻之。(《汉书》:尽妻其妻)无冠带之饰,阙庭之礼!"

中行说曰:"匈奴之俗,人食畜肉。饮其汁,衣其皮;畜食草饮水,随时转移。故其急,则人习骑射。宽则人乐无事,(其)约束轻(径)易行也,君臣简易,一国之政,犹一身也。父子兄弟死取其妻妻之。恶种姓之失也，故匈奴虽乱，必立宗种。今中国虽详，不取其父兄之妻，亲属益疏，则相杀，乃至易姓，皆从此类（也）。且礼义之敝，上下交怨望，而室屋之极，生力必屈，夫力耕桑以求衣食，筑城郭以自备，故其民急则不习战功，缓则罢于作业。嗟！士室之人，顾无（多）（辞）（令）喋喋而占占，冠固何当！"

自是之后，汉使欲辩论者，中行说辄曰："汉使无多言，顾汉所输匈奴缯絮米蘖，令其量中，必善美而已矣。何以为言乎？且所给备善则已，不备苦恶，则候秋熟，以骑驰蹂而稼穑耳！"

二、以《通鉴》比较《汉书》

取《通鉴》卷十八所述汉武帝召开伐匈奴会议事，比较班固的《汉书》卷五十二《韩安国传》。

1. 司马光《资治通鉴》（卷十八）

（汉武帝）元光二年（纪前一三三）雁门马邑（今山西朔县）豪聂壹（注：豪以赀财武力雄于乡曲者，聂姓名壹）因大行王恢言："匈奴初和亲，亲信边，可诱以利致之。伏兵袭击，必破之道也。"上召问公卿。

王恢曰："臣闻全代之时，北有强胡之敌，内连中国之兵；然尚得养老长幼，种树（殖）以时，仓廪常实，匈奴不轻侵也。今以陛下之威，海内为一；然匈奴侵盗不已者，无他，以不恐之故耳！臣窃以为击之便。"

韩安国曰："臣闻高皇帝尝围于平城，七日不食，及解围反位，而无忿怒之心。夫圣人以天下为度者也；不以己私怒伤天下之公，故遣刘敬结和亲，至今为五世利（详下）。臣窃以为勿击便。"

恢曰："不然。高帝身被坚执锐，行几十年，所以不报平城之怨者，非力不能，所以休天下之心也。今边境数惊，士卒伤死，中国槥车相望，此仁人之所隐也。故曰，击之便。"

安国曰："不然，臣闻用兵者以饱待饥，正治以待其乱，定舍以待其劳。故按兵覆众，伐国堕城，常坐而役敌国，此圣人之兵也。今将卷甲轻举，深入长殴，难以为功，从行则迫胁，衡行则中绝，疾则粮乏，徐则后利。不至千里，人马乏食。兵法曰：遗人获也。臣故曰勿击便。"

恢曰："不然。臣今言击之者，固非发而深入也；将顺因单于之欲，诱而致之边；吾选枭骑壮士，阴伏而处，以为之备；审遮险阻，以为其戒。吾执已定，或营其左，或营其右，或当其前，或绝其后。单于可禽，百全必取！"上从恢议。

2. 班固《前汉书》卷五十二《韩安国传》：

这是一篇很难得的"征伐匈奴的大辩论"。为《史记·安国传》所不详，故全录之。

明年（汉武帝元光二年，纪前一三三年）雁门马邑（见上）豪（师古曰：豪犹帅也。周寿昌曰：邑人之杰出者。）聂壹因大行王恢言："匈奴初和亲亲信边；可诱以利致之，伏兵袭击，必破之道也。"上乃召问公卿。曰："朕饰子女以配单于，币帛文锦（武纪作金币文绣），赂之甚厚，单于待命加嫚，侵盗无已，边竟（境）数惊，朕甚悯之，今欲举兵攻之。何如？"

大行王恢对曰："陛下虽未言，臣固愿效（致也，与效同，即是建议或请求）之。臣闻全代之时（代犹未分之时）北有强胡之敌，内连中国之兵，然尚得养老长幼，种树（殖也）以时；仓廪常实；匈奴不轻侵也。今以陛下之威，海内为一，天下同任（事也），又遣子弟乘（登也）边守塞，转粟挽（引车也）输，以为之备，然匈奴侵盗不已者。无他，以不恐之故耳。臣窃以为击之便！"

卫史大夫（韩）安国曰："不然，臣闻高皇帝尝（被）围于平城（山西县东大同，事在高祖七年），匈奴至者投鞍高如城者数所。平城之饿，七日不食，天下歌之（《汉书》

卷九十四《匈奴传》季布追述此歌曰：'平城之下亦诚苦，七日不食不能彀弩。'）。及解围反位而无忿怒之心。夫圣人以天下为度者也，不以己私怒，伤天下之公（公义）。故遣刘敬奉金千斤以结和亲，至今为五世（高、惠、吕、文、景）利。孝文皇帝又尝壹拥天下之精兵，聚之广武常溪（沈钦韩曰：'纪要，广武城在州北三十五里有水东南流代州西十五里，今雁门山下一名东关水，一名常溪。'）然终无尺寸之功，而天下黔首不忧者，孝文寤（悟）于兵之不可宿，故复合和亲之约，此二圣之迹，足以为效矣。臣窃以为勿击便。"

恢曰："不然。臣闻五帝不相袭礼，三王不相复（重也）乐，非故相反也。各因世宜也。且高帝身披坚执锐，蒙雾露，沐霜雪，行几十年，所以不报平城之怨者，非力不能，所以休天下之心也。今边境数惊，士卒伤死，中国槥车（槥小棺也。槥车，载棺之车）相望，此仁人之所隐（痛心）也，臣故曰击之便。"

安国曰："不然，臣闻利不十者不易业，功不百者不变常，是以古之人君，谋事必就祖（庙也），发政占（问也）古语，重作事也。且自三代之盛，夷狄不与正朔服色，非威不能制，强弗能服也，以为远方绝地，不牧之民，不足烦中国也。且匈奴轻疾悍亟之兵也。至如猋（飘）风，去如收电，畜牧为业，弧弓射猎，逐兽随草，居处无常，难得而制。今使边郡久废耕织，以支（犹持也）胡之常事，其势不相权（等）也，臣故曰，勿击便。"

恢曰："不然，臣闻凤鸟乘于风，圣人因于时，昔秦缪（与穆同）公都雍，地方三百里，知时宜之变，攻取西戎，辟地千里，并国十四，陇西北地是也，及后蒙恬为秦侵胡，辟地数千里，以河为竟（境），累石为城，树榆为塞（塞上种榆也）。匈奴不敢饮马于河，置烽燧（燃），然后敢牧马，夫匈奴犹可以威服，不可以仁畜也。今以中国之盛，万倍之资，遣百分之一以攻匈奴，譬犹以强弩射且溃之痈也，必不留行矣（言一无所碍也）。若是，则北发（北发国名，亦见管子）月氏可得而臣也。臣故曰，击之便。"

安国曰："不然，臣闻用兵者以饱待饿，正治以待其乱，定舍（止也）以待其劳，故接兵覆众，伐国堕城，常坐而役敌国，此圣人之兵也。且臣闻之，冲风之衰，不能起毛羽，强弩之末，力不能入鲁缟。夫盛之有衰，犹朝之必莫（暮）也。今将卷甲轻举，深入长殴（与驱同），难以为功，从行则迫胁，衡行则中绝；疾则粮乏，徐则后利。不至千里，人马乏食。《兵法》曰：'遗人获也。'意者有它缪巧，可以禽之，则臣不知也。不然，则未见深入之利也。臣故曰：'勿击便。'"

恢曰："不然，夫草木遭霜者，不可以风过，清水明镜，不可以形逃；通方之士，不可以文乱。今臣言击之者，固非发而深入也；将顺因单于之欲，诱而致之边。吾选枭骑壮士，阴伏而处，以为之备。审遮险阻以为其戒。吾执（势）已定，或营其左，或营其右，或当其前，或绝其后，单于可禽，百全必取。"

上曰："善。"乃从恢议。

三、以《续通鉴》（卷九十五）比《辽史》（卷三〇）《天祚纪》。以西辽主耶律大石创建西辽事为例。

《续通鉴》清朝毕沅等作，是转手的记载。《辽史》成于元朝至正四年（一三四四），是比较的原手的记载。《续通鉴》钞《辽史·天祚纪》重要地名等，多被删削，甚为可惜。

1.《续通鉴》卷九十五——"初耶律大石北行三日，过黑水，见白达达详衮床古儿，床古儿献马四百，驼二十，羊若干。西至哈屯（可敦）城，驻北庭都护府，会西鄙七州及十八部王，谕之曰：'我祖宗艰难创业，历世九主，历年二百，金以臣属逼我国家，残我黎庶，屠翦我州邑，使我天祚皇帝蒙尘于外，日夜痛心疾首。我今仗义而西，翦我仇敌，复我疆宇，惟尔众庶，亦有共救君父，济生民之难者乎？'

"遂得精兵五万余，于是置官吏，立排甲，具器仗，以青牛白马祭天地、祖宗，整旅而西。"

2.《辽史》卷三十《天祚纪》（篇末所附《西辽事略》）

"大石不自安，遂杀萧乙薛，坡里括自立为王，率铁骑二百宵遁。北行三日过黑水，见白达达详稳床古儿，床古儿献马四百，驼二十，羊若干。西至可敦城。驻北庭都护府，会威武、崇德、会蕃、新、大林、紫河、驼等七州，及大黄室韦、敌剌、五纪剌、茶赤剌、也善、鼻古德、尼剌、达拉乖、逢密里、密儿纪、合主、乌古里、阻卜、普速完、唐古、忽母思、奚的、纠而毕、十八部王众，谕曰：

'我祖宗艰难创业，历世九主，历年二百，金以臣属逼我国家，残我黎庶，屠翦我州邑，使我天祚皇帝蒙尘于外，日夜痛心疾首。我今仗义而西，欲借力诸蕃翦我仇敌，复我疆宇惟尔众（庶）。亦有轸我国家，忧我社稷。思共救君父生民于难者乎？'

"遂得精兵万余，置官吏，立排甲，具器仗，明年（一一三〇）二月甲午以青牛白马祭天地、祖宗，整旅而西。"

四、同上，以《耶律大石致回鹘王毕勒哥书》为例

1. 《续通鉴》（卷九十五）《耶律大石致回鹘王毕勒哥书》

"先遣书回鹘王毕勒哥，曰：

'吾与尔国非一日之好，今我将西至大食，假道尔国，其勿致疑。'毕勒哥得书，即迎至邸，大宴三日，临行献马驼，羊，愿质子孙为附庸，送至境外。"

2. 《辽史》（卷三十）《天祚纪》——《大石致回鹘王毕勒哥书》

"先遣书回鹘王毕勒哥，曰：

'昔我太祖皇帝（阿保机）北征过卜古罕城，即遣使至甘州诏尔祖乌母主曰：汝思故国耶？朕即为汝复之。汝不能返耶？朕则有之，在朕犹在尔也。尔祖即表谢，以为迁国于此，十有余世，军民皆安土重迁，不能复返矣，是与尔国非一日之好也，今我将西至大食，假道尔国，其勿致疑！'

"毕勒哥得书，即迎至邸，大宴三日，临行，献马六百，驼百，羊三千，愿质子孙为附庸，送至境外。"

五、以邵远平的《元史类编》(卷二十八)《塔塔统阿传》比《元史》(卷一二四)《塔塔统阿传》

《元史类编》成于清康熙三十八年，一六九九，《元史》则成于明太祖洪武二年，一三六九年，两书相差三百余年，《元史》为比较的原手史料，《元史类编》则为转手的史料。

1. 《元史类编》(二十八)："塔塔统阿畏兀人，性聪慧，善言论，深通本国文字。乃蛮太阳可汗尊之为傅，命掌金印。

"太祖（成吉思汗）灭乃蛮，塔塔统阿怀印逃去，俄就擒，帝诘之曰：'太阳人民疆土悉归于我矣，汝负印何之？'对曰：'臣职也，将以死守，欲求故主授之耳，安敢有他。'帝曰：'忠义人也。'问是印何用，对曰：'出纳钱谷，委任人材，皆用此为信验。'帝善之。留居左右，是后凡有制旨，始用印，仍命掌之，教太子诸王以畏兀字，太宗即位（一二二九）命司内府玉玺。"

2. 《元史·塔塔统阿传》："塔塔统阿畏兀人也。……问是印何用，对曰：'出纳钱谷，委任人材，一切事皆用以为信验耳。'帝善之，命居左右。是后凡有制旨，始用印章，仍命掌之。帝曰：'汝深知本国文字乎？'塔塔统阿悉以所蕴对，称旨，遂命教太子诸王以畏兀字书国言，太宗即位命司内府赐玉玺金帛……"

（按："书国言"三字很重要，就是用畏兀儿的字母，书写蒙古的方言，现行的蒙古文即是由此而来的。）

总之，转手的记载就史料的价值与性质说，不如原书，研究历史的人对于这一原则，应当知道辨别；应当时时刻刻加以注意。（1）文经转钞，即易失真，不管是邵远平钞的，毕沉钞的或者是司马光钞的。（2）惟有原书（此指原手的史料或曰直接的史料）才是我们研究的对象，历史家可以从它们的报导中得知"往事曾经如何如何"，有则曰有，无则不能增添或更改，历史学可以达成客观的任务，即赖有这些原手史料的存在。否则，它与"故事"（此指编造的传奇故事）就没有分别了。（3）好的转手的记载（如《通鉴》）可以说是有名的创作。但创作只能供人阅读，或作为入门的必读书，而不能作为史源（即原手的史料），或好的史料看待。即是因为它们中已渗入了转手者钞录时主观的见解在内。

就史料的价值说，"转手记载，不如原书"，更是显然。这是历史方法论中，从事研究如何辨别史料性质的第一个课题，谨举示若干实例，作为说明。引而申之，人人有责。我的经验拿司马光的《通鉴》，来对比正史中的纪传，藉以辨别"直接史料"与"间接史料"在性质与价值上的差别；习作之后；多有创获。进行办法，约举如下：（1）每人选看《通鉴》一卷，把卷中每一记事，均查找出处，一一注明。有异同时，酌加考证。（2）研究《通鉴》转钞与原文出入不同之故，藉以了解司马光与诸位专家选材述事的方法与识见的高低。（3）因时代不同观点各异，自然发见"转手的记载"，有许多地方是与原书有分别的。这样就发生了以下的结果：①巧者智者，点石成金，可以写成一部创作。②但就史料说，文经转钞，面目改易，欲识庐山真面目，自然是应当直接采用原书了。

第六讲　略论历史学的补助科学

历史学是一种综合的社会科学，研究的对象是"人的已往的活动"（即人类已往的活动与影响）。因此，凡是以研究"人事"为主体的社会科学，都不免与历史学有或多或少的关系。就中又有几种学科，是专门以补助历史的研究为职务的，因之又被人称作历史的补助科学。

班海穆教授把这种历史的补助科学分为以下的九种，1.语言学，2.古文字学，3.古文书学，4.印章学，5.泉币学，6.族谱学或家世学，7.徽章学（或纹章学），8.年代学，9.地理学与历史的地理。这里所说的语言学，偏重文字语言的应用，地理学亦然。地理与历史的关系初不限于"历史的地理"，但是历史补助科学中的地理学，则是专指历史的地理说的。其他的几种历史补助科学，研究的对象，也大都附属在历史学的某一部门之内（如纹章学和我国的避讳学等）；或自身即是历史学的支派（如族谱学或疆域沿革史等）；或一部分属于他种科学，一部分属于历史学（如年代学、古钱币学）。这九种，除了语言学与地理学以外，大都不是一种独立的学科，它们得称为一种专门学问，正因为能补助历史研究的缘故。

一、语言学（Sprachenkunde 或 Philologie）

语言、文字，按最早的含意说，有时与"历史"是一而二、二而一的，特别是在古代。古代的文字，也往往就是古代的历史。所以博克（A. Beckhoff, 1785—1867）教授说："研究语言文字学，可以知道人类在精神方面创造的成绩。"近代学术进步，研究日精；历史与语言、文字，日益分离。语言、文字只有记述人类社会行为而又有进化意义的部分，才属于历史。否则，即属于语言或文学。

但是语言学与历史学研究的对象，虽不尽同，而两种科学彼此间的关系，则异常密切，往往不可分离。语言、文字是历史家治学的基础或资本。想研究某时代某地区的历史，即须先具有关于某时代某地区语言、文字的知识。否则，研究即无从下手。研究某时代某地区的语言、文字，须通达某时代某地区的历史，更属当然的事情。所以语言学家常常即是历史家，历史家也往往是对于语言、文字极有研究的学者。（以上"历史与语言学的关系"）

至于说到应用，把"语言学"当作历史的补助科学，也同样的重要。对于现代以进化与求真为主的历史学者，一切注重"原史料"；多通必用的语言，运用直接的原料，更属研究历史的先决条件。所以历史学者除本国语言以外，凡属对于他所研究范围以内的史料，有关系的语言、文字，必须兼通。否则，文字方面既有阻碍，则应当使用的记载，不能使用；史料的来源既有隔阂，自然对于要研究的问题也不能了解和贯彻。

还有一点，除非原有史料散佚破坏，不能再得，更戒取材转手记录，忌讳使用翻译。因为史经转钞，面目多有失真；文经翻译，原意不免改变。最紧要最具有特殊性的地方，往往一经转手和翻译，即将真意失去。

语言学往往因时代的绵延、种族的迁徙，转变甚大。即以研究德国史而言，仅以德国原有史料为限，现行德文（自马丁·路德以后的德文）之外，即须兼通各种古代德文（古代通用的德文 Althochdeutsche 中古通用的德文 Mittel-hochdeutsche）和拉丁文（指罗马各省通行的拉丁文，或曰拉丁方言，因地域与习用已久的关系，羼杂有各省土著的方言，早已不是纯粹罗马人的拉丁文了）。

历史学者虽然不能尽通各种文化民族的语言，但语言实在是研究历史最重要的工具。本国语言以外，与自己研究范围有关系的语言，均应尽量兼习，且应当把它当作选择题目，划分研究范围的先决问题，维也纳大学史学研究法教授鲍瓦（W. Bauer）在他所著《历史研究入门》（Einführung in das Studium der Geschichte，1921/1927）曾引用诺外曼（K. J. Neumann）教授一九一〇年就职施查斯堡大学校长时的演说辞，曾说：

"没有完全运用如意的语言工具而治上古史，将终是假充内行而已！"（上文见 Neumann 教授施查斯堡大学校长就职演说辞 Strassburger Rektoratsrede《上古史的进化与问题》Entwichlung und Aufgaben der alten Geschichte，引见《历史研究入门》一六五面，原书第二面。）

鲍瓦教授接着说："岂但是上古史？对于一切的历史，都是如此。"（同上《历史研究入门》）所以他给研究历史的德、奥人，关于语言的问题，定下了两个标准。

第一，最上乘，应当多识外国文，不但能使用有关外国文的史料，并须能利用外国学者在各种著作中发表的意见。因此除古代语言（拉丁文、希腊文）外，学历史的（德奥）人，至少应能随时互译现代几种通

行世界的语言（如英文、法文、义大利文）和用这些语言写成的历史著作。（注意：奥国，因与义大利为邻，故很注意义大利文）

第二，其次须通达研究范围内有关系的各种语言，能运用这些语言作史料研究的补助，以便解决与自己研究有关联的问题。(以上原书一六六面)

鲍瓦教授又说：

"语言、文字是研究历史的工具……"学者应当首先注意预备这套应用的工具。……再就研究广义的德国史说（包括说德文的德奥瑞士人），也因时代与地域的关系，需用不同的外国语言。……比方研究"土耳其战争"与"三十年战争史"，若想不以德文史料自足，即须能读土耳其文、瑞典文、法文、西班牙文与义大利文关于此类史事的报告与记载。……若想研究"德意志商业同盟"（Deutsche Hansa）的历史，即须兼通"北方文字"（Nordische Sprache，即瑞典、挪威文）。研究"新地发见的时代"，即需兼通葡萄牙文西班牙文。(原书五六面)

若将鲍瓦教授对德、奥学生所说的话，应用到对我国青年历史学者的建议，即是：（一）我们应当尽可能兼习英文、法文、德文、日文、俄文等一类的现代世界语言。（二）我们应兼通研究范围内有关系的语言、文字以期能帮助解决史料上的问题。再详细点说，我们若欲研究唐代的历史，即不可不兼通土耳其文、阿拉伯文、西藏文；若欲研究南北宋的历史，即不可不兼通契丹文、女真文、西夏文、阿拉伯文；……若欲研究元代的历史，即不可不兼通波斯文、阿拉伯文、蒙古文、畏兀儿文、拉丁文；若欲研究明代的历史，即不可不兼通土耳其文、拉丁文等；清代的历史，除满文、蒙文、西藏文、回文以外，关涉的外国文字语言更多。康熙以前，须兼通拉丁文、法文……。乾隆以后，与欧洲接触日繁，向日唯我独尊的古国，变成国际列强的次殖民地，一切反客为主，则又不得不兼通英文、法文、日文、俄文、德文。若分门别类，各尽其用，则应学的语言更多。这些不仅是治我国灿烂光辉的本国历史所需要，简直是想明了我国历史与邻国政治文化关系所不可缺少的工具。历史学者应当事先知所选择；依照所治历史的时代与研究重点所在，权衡先后缓急，预为选习必要的文字工具，以期能顺利达成研究的目的与任务。

二、古文字学（Schriftkunde 或 Paläographie）

　　历史补助科学的语言学，在兼通关于历史研究范围内的各种语言；历史补助科学中的"古文字学"，则在辨认历史研究范围内有关史料中的古文字。欧洲通常所说古文字学（Paläographie）偏重字形及认识古字，不是形、声、义三者兼重，目的在帮助研究历史，不专在考证文字源流。欧洲各国现行的文字，就历史的演变说，它们与十五世纪以前已大不相同。各国文字与拉丁文分家后演变的过程，也昭然可见。古代史料中的文字因时代变迁、种族混合，不但与现代通行的文字面目各别，即在同一时期，因书法与习惯的不同，也彼此差异甚大。历史家若想读古文书，直接运用古史料，免除误解或转译的错误，即不能不直接学习古文字学。因此"古文字学"成为研究中世欧洲史的一种重要工具。

　　古文字学的任务约可分为两种。第一，研究古文字的字体、书法以及书写用品、行款格式等；从外部的形式上判断一种古文书的是否真实。第二，研究文字的字形、字义；由字形、字义，得知一种文字的含意与解释。一重外表，一究内容。难解的古文字除古文书外，又散见于金石文字、古印板书、各种手抄本之中。因书法、习惯或讹讹的关系，很重要的文书，往往数字不通，致使全部研究半途停止，或数字错讹误解，致丧失史料的原意。这些都是古文字学对历史学关系特别重要的地方。

同时古文字学不仅是历史学的主要补助科学，对于语言学与文学史等也有密切的关系。就欧洲而言，不但语言学家、文学史家须通晓古文字学，即是研究美术史与法律条文的沿革，也应当通习古文字学。再具体些说，凡是历史方面与古代日耳曼或罗马语言变迁上有关系的科目，都不可不通晓古文字学。所以鲍瓦教授说："古文字学是各支历史科学的天然连锁。"（《历史研究入门》，一六九页。）（以上古文字学的性质与用处，以下略述欧洲古文字学由来的历史。）

欧洲古文字学的创立人为法国有名的神父兼学者马比央氏（Dom Mabillon）。马比央是法国香槟（Champagne）城人，一六五八年入"班尼底可亭僧社"（Benediktiner Orden），一六六三年为巴黎城外圣丹尼（St. Denis）僧院古物保管会的会长，一六六四年以后工作于巴黎（St. Germain-des-prés 僧院（Abtei），他的重要著作，皆成于此时。当时因旧日公文无人能读，反对班尼底可亭僧社的修士、僧官，藉此大兴诽谤，都说班尼底可亭僧社所有一部分的公文，是自己伪造的。马比央本是博学负时望的人，因此受同社的委托、研究社中所藏各种公文；发表著述，驳斥谣言，依据事实为同社辩护。积学日久，因写成《古文书学》(*De Re Diplomatica*) 一书，于西元一六八一年出版，大受时人欢迎；他因藉此基础遂创立后来通行西欧各国的古文书学 (Urkundenlehre)。

从这个时候起，古文书学日益发达；一般学者（特别是研究历史的人），渐渐觉得认识古字，由识字通晓古文书、应用古史料，实有必要。古文字学因此遂与古文书学脱离，自成一科。古文字学与古文书学起于同时，饮水思源，我们自然须感谢马比央。至古文字学一词，在科学上的最早采用，则始于一七○八年马比央的社友孟夫康 (Bernard de Montfaucon，1655—1741) 氏。

自马比央、孟夫康以后，欧洲各国对于古文学的研究，一时有迅速的发展，西元一八二一年巴黎即已设立"古文书学学校" (Urkundenschule = Ecole des Chartes)，专从事研究古代的公文与公文中的古文字。一八二四年以后，德国古文字学者们，也有中世纪德意志史料分类编辑的进行。《德意志史部类编》(Monumenta Germaniae Historica) 即正式创立于此时。此外一八○二年与一八四五年为葛娄提芬 (G. F. Grotefend，1775—1853) 与莱牙得 (A. H. Layard，1817—1894) 亚叙利楔形文字 (Assyrische Keilschrift) 解释成功时期。一八○二年到一八二九年为 Thomas Young (1773—1829) 埃及象形文字（埃及古文 Hieroglyphies），一八〇七年以后为考普（von Kopp）罗马简字（Römische Stenographie, Tironische Noten）解释成功时期。近五十年来埃及与中亚细亚（东西土耳其斯坦）古物发掘，日出月增。从前尚未知名的古文字，又复大量增加。虽结果尚未详细公布，但历史研究的领域更加扩大，则无可置疑。

三、古文书学或"公文学"
(Urkundenlehre 或 Diplomatik)

历史补助科学的第三种，是古文书学，或公文学，我国也称之为文献学。"古文书学"一辞，由"公文"（文凭 Diplom, diploma）一辞沿袭而来，统指各种公文、文凭、证件而言。即是由皇帝、国王、教皇，有自主权的诸侯、僧正们，颁发给臣属，作为特权获得的各种公文与凭证，或系公私间交聘往来用为信守与"公证"的一切文书。因为性质均属以往的文书，所以叫作"古文书"；研究古文书的由来、款式、性质、演变及种类与这些文书对于历史的贡献的学问，叫作古文书学。又因古文书代表一时代的文与献，所以我国也叫它作文献学。

欧洲的古文书，普通依照文书领发机关的性质可区分为三大类。（一）皇家的文书（könige und Kaiser Urkunden），（二）教皇的文书（Papsturkunden）由教皇与各大僧正等颁发之,与(三)私家的文书(Privaturkunden)。

但若就意义上说又可分为三类:

(一)狭义的古文书:在法定形式之下,用文字记述一种事实或事实的经过,足为法律上证据的文书,即是普通所说合法的公文。

(二)广义的古文书:合法公文以外,其他曾经发生过效力的文件。如公文草案、底稿、誊写本、案卷、公务员名册、税则表等,也都叫作古文书。因又名广义的古文书。

(三)历史的古文书:诏令、公文、表册以外,凡是依一定的格式,记一定的事实,无论是抄本或刻石;凡是具有历史上证物上的文书,都属于这一类。如议事录、集会报告与边界碑、"记事的刻石"等。

欧洲古文书学最早的发祥地,第一为巴黎(详上节古文字学),其次为奥国的维也纳。巴黎古文书学校创立于西元一八二一年;维也纳的"古文书研究机关",名曰"奥大利历史研究所"(Institut für Österreichische Geschichtsforschung),建立于一八五四年。

古文书学的任务,在研究档案的种类,各种公牍的形式、文书的内容、秘书厅(文案)的组织与制度等等。"秘书厅"是制造公文的地方,研究秘书厅的组织,可以知道一种文书成立的手续。研究公文的形式和内容,可以确定一种公文在法律上的效力与公文自身的真实性。这些都是对于历史学的研究有密切的关系的。

四、印章学（Siegelkunde oder Sphragistik）

研究古文书上所钤各种印章，由章的种类、字体、款式、文字、质料、刻工、钤印的手续、地位、印色等等，以期证明古文书之是否真实。历史补助科学的印章学，目的在由印章的研究，而求得史料真实上客观的证据。美术上的价值与趣味，在美术史上虽有关系，在史学家看起来，却居次要的地位。

《元史》卷一二四《塔塔统阿传》记载一段十二世纪初年蒙古成吉思汗初次采用印章的故事，可以说明印章学在历史上的重要性。兹举示如下：

> 塔塔阿，畏兀人也，（深通本国文字）乃蛮太阳汗尊之为傅，掌其金印及钱谷。太祖（成吉思汗）西征，乃蛮亡，怀印逃去，俄而就擒。帝让之。曰："汝负印何之？"对曰："臣职也，欲求故主归之耳，安敢有他！"帝曰："忠孝人也。"问是印何用？对曰："出纳钱谷，委任人材，一切事皆用之为信验耳。"帝善之，命居左右，是后凡有制旨，始用印章。仍命掌之。

此外欧洲中世纪的公文，所钤印章，不尽钤于公文之上。印章多为长圆形，中为人像，环以文字，用时，印成印模，盛以金属小盒，用革绳、丝带或铜练等系于公文下方。因此花纹与系印的带子，也为研究的材料。印章连盒有重一磅以上，系练有长逾数尺，且有一种公文连系印章甚多，接连系至数十枚者（一九二九年我曾在柏林"机密档案馆" Geheimes Staatsarchiv 上课，见拿破仑亲笔签字的诏令，最后 n 字向上撇；封笺为蓝绒金字，极为名贵，长一尺四寸，宽约七寸半，下方所系印章，罩以金盒，重逾一磅。）

德文中讲印章学最佳的书，为埃瓦耳德（W. Ewald）氏的《印章学》（*Siegelkunde*），一九一四年初版，收入迈乃克（F. Meinecke）与毕娄（G. V. Below）两教授主编的《中世纪与近代史丛书》（*Handbuch der Mittelalterlichen und Neueren Geschichte*）中，印谱以海夫纳（K. Heffner）（1875— ）与鲍思（O. Posse，1871—1913）两家收辑的比较完备。

我国讲印章与历史关系的著作，兹就所知，举王国维氏论文三篇以见梗概。一、《齐鲁封泥集存序》；二、《书齐鲁封泥集存后》；三、《简牍检署考》。（三文均见《观堂集林》卷十八）。就中《齐鲁封泥集存序》，说到印章与历史的关系，如云："凡此足以存一代之故，发千载之覆，决聚讼之疑，正沿袭之误；其于史学，裨补非鲜。"印章学的价值，由此益见。

五、泉币学（Münzkunde 或 Numismatik）

泉币学，很显明的是指古代泉币而言，所以也可叫作"古泉币学"。古代泉币对于历史的研究，自然极关重要。第一，从泉币上的文字图案（肖像、花纹等），泉币的样式、轻重上，可以作为史料"实物"的证据。第二，从泉币的价值上，可以推知各时代生活程度的演进。第三，从泉币的制造、工艺、成色上，可以考证各时期艺术演变的概况。泉币学是普通历史的补助科学，也是经济史、美术史重要的史源。

鲍瓦教授以古泉币为无意的史料。认为从古泉币上可以窥见各种历史事实的真象，不仅可以补助历史的研究。《历史研究入门》（二一七面到二二二面）叙述欧洲用钱的起源，研究泉币铸成的方法以及泉币在史料上的价值，比班海穆《历史学概论》较详数倍。兹选择几点，作为补充。

泉币的研究分为外部的研究与内部的研究。

第一，外部的研究。

1. 从材料上观察泉币的成分，研究泉币性质的美恶。

2. 从形式、大小、轻重上确定泉币的分量与物价的关系。

3. 从花纹、肖像、文字上，研究泉币的时代与当时的铁工制造，与美术、技艺。

第二，内部的研究。

研究泉币上肖像与文字的意义，与其他由花纹内容等所表现的时代精神。比方泉币上的肖像，是原形的呢？或仿制的呢？本国固有的呢？或仿照外国的呢？

就泉币的文字图画论，在史料上略等于古文书。泉币的流通，又是买卖交易的媒介，故仿制假造极多。以泉币为历史的材料，须应用批评古文书的方法，详细加以审定。

泉币对于历史，不仅指示经济方面的关系，并指示文化方面的种种关系。比方从价值方面，可知道当时生活情状与法律方面的关系；从肖像花纹上又可知道当时美术与宗教（欧洲钱币有铸宗教圣像者）观念的表现。

六、族谱学与家世学
(Genealogie und Personalnachweis)

族谱学是研究姓氏起源与家族世系传袭的学问。一民族得姓的由来，往往即为民族历史构成的重心，从世系上我们可以知道历史上大人物家世的由来与历代父子世系及亲属间互相遗传的种种关系。古时贵族间缔结婚姻，常常被当作互相利用的手段，希望从联姻或和亲上，改变政治或国际间的关系。这种例子历史上很多，中西相同。直到近代（第二次世界大战以前）欧洲皇室间姻亲的关系，对政治的影响，犹有相当的势力。

由家世的研究，可以知道历史上大人物的个性，所受遗传的影响；和他们个人特性表现，对于当时政治的关系。由遗传的研究，可帮助解答历史上特异的事迹与特异的问题。此外更可利用系谱学供给的知识，证明民族间同化、血族混合与特性遗传的情形。

族谱与家世的研究，在欧洲盛行于十九世纪末叶与二十世纪的初期。到劳伦斯（Ottokar Lorenz）一八九八年《科学的族谱学教科书》（Lehrbuch der Gesamten Wissenschaftlichen Genealogie）出版，族谱的研究，在德国才成为一种专门的科学。

七、纹章学或徽章学（Wappenkunde 或 Heraldik）

欧洲中古的时候，邦国封邑，互相对立，贵族们皆有家徽，各有固定的样式、颜色，固定的品质、形状为代表本部或本族的表帜，以自别于他部他族。纹章的花样有鸟形、兽形；颜色有三色、五色、七色；形状有直线、横线的不同。这样的徽章，战时作为行军的表帜，用以指麾部队，平时用于公文印章，作为本族传世与信守的凭据。贵族如此，皇帝、国王、僧正，也如此。推之各城市、各会所、各团体，也各有各的徽章，作对外表示的符号。例如德国以前的国徽为独鹰，奥国为双头鹰，匈牙利为苹果，即和前清的龙旗、民国以前的龙凤一样，徽章颜色各异，也类似我国昔日尚黄、尚赤的各代不同。

纹章学研究各贵族所用徽章花纹演变的状况与辨别各时代各贵族、王侯所有徽章的差异。这些徽章既用于旗饰与文牍，作对外对内的表示，因此也可从这些差异、分别、沿革、演进上，作考证史料真伪的补助。欧洲人系好战的民族，国徽纹章，素所重视。利用徽章学辨伪决疑，就欧洲说，对于历史的研究贡献极大。

国徽徽章与后来的勋章、品服，就性质说彼此各异。前者在表示本国本族的信守；后者在别辨爵位，奖励勋劳，激励战士。

八、年代学（Chronologie oder Zeitrechnung）

年代学又分理论的年代学与实用的年代学两大类。理论的年代学以天文学、数学为基础，目的在研究怎样去推算年代，和应当怎样规定一年的起讫，应当怎样分配时节。

实用的年代学,以实用为主,目的在研究各民族各时代已有若干纪年的种类,各民族曾有过若干年的历史,曾用过些什么样的历法和纪年。一是研究应当怎样纪年,一是研究已有了些什么样的纪年。前者接近天文学,故又名天文学的年代学(Astronomische Chronologie)。后者帮助计算史事,可以由已行的历法、固定的日历,考证记事的是否真实,故又名历史的年代学或技术的年代学(historische oder technische Chronologie)。

九、地理学与历史的地理

历史与地理最初本属一体,不可分离。欧洲(德国)自胡保耳提(Alexander v. Humboldt, 1769—1859, 上述 Wilhelm v. Humboldt 之弟)、培色耳(Oscar, Peschel, 1826—1875)以后,地理学方与历史学分家。此后即自成一科,逐渐接近地质学、海洋学、地理物理学(Geophysik)、气象学(Meteorologie)、古生物学(Paläontologie)等,变成一种自然科学。

但时间与空间终是并行而且是相互联接的。历史与地理旧有的关系,也仍是藕断丝连,既有胡保耳提一般学者代表自然科学的地理学,同时也有黎特(Karl Ritter, 1779—1858)一般人专治人文地理,代表历史的地理学。

历史派的地理学，注重记述地面各种现象，既述山水物产、政治情况，也述及社会现象、人情风俗。当时虽是地理，时过境迁，成为陈迹，即又变成历史。他们在当时是地理家，后来与研究地理学的人相较，则又觉近于历史家，故统称叙述地面现状的地理家为历史派。考证"地理"在文书上的沿革为历史的地理。

人类是依赖地理生存的。就人类对空间的关系说，寒带与热带的人，因居处不同，性情习惯也彼此各异。再就文化对自然的关系说，自然环境各异，文化的表现也跟着改变。我们若再详察各地区各民族，各有各的特性，就感觉自然环境对人生仍是极有威权、极有拘束的。因此无论是历史派的地理学与自然科学的地理学对于历史的研究仍是有极密切的关系。

现代"在发展中的地理学"

1. 人地学（Anthropographie）$\begin{cases}(1) \text{ 人生地理学} \\ (2) \text{ 气候与文化}\end{cases}$ 研究地理与民族文化和历史的关系。

2. 地理经济学（Geoökonomie）$\begin{cases}(1) \text{ 经济地理学（Wirtschaftsgeographie）} \\ (2) \text{ 交通地理学（Verkehrsgeographie）} \\ (3) \text{ 居住地理学（Siedlungsgeographie）}\end{cases}$

大至均研究地势、物产、交易与文化发达的种种关系。

3. 生物地理学（Biogeographie） $\begin{cases}(1) 动物地理学\\(2) 植物地理学\end{cases}$ 研究地面动植物的分布和它们对于人类文化的关系。

4. 地理政治学（Geopolitik） $\begin{cases}(1) 地理资源与立国要素\\(2) 历史的地理（疆域沿革论）\\(3) 形式要塞论\end{cases}$ 研究地理与立国施政的关系，国家疆域的扩张，边界的冲突与设备，行政区域的沿革与分布。后者也即是广义的历史地理学。

5. 历史的地理 $\begin{cases}(1) 地名溯源学\\(2) 历史地图学\end{cases}$ 亦称狭义的历史的地理学。兹分述如下：

第一，地名溯源学（geographische Etymologie 或"地名的研究"Ortsnamenforschung）研究地名、山名、水名……的起源与意义，追溯名称的沿革与历史、记载的关系。就是考释历史中的地名，起于何人？成立在什么时候？经过何种变迁？何时确定？今为何地？今与昔的异同如何？一方使人明白史事在空间的关系，一方可帮助史事的了解与考证史料的真伪。

第二，历史地图学（historisch-geographische Kartographie）用地图表示水道的迁徙，道路交通的兴废，土地的垦殖，疆域的沿革，边界、界壕的变迁，都邑的兴替，战争行军的路线，居住的发展……都应依据新测精图，证以记载，绘成专图，供历史研究参考的使用。

研究地名，须兼精语言学。根据史事作地图，考证而外，尤须长于测绘的技术。现代欧洲地图学日精，历史地图也利用颜色的深淡表示地势的高下、人种语言、物产的分布，城市依居民多少定大小，河流依水量分粗细。像我国普通用图，草草模制，北京与通县同大，黄河与沁水共细，都是应当加以改正的。

上边的九种，就是班海穆所说的"历史的辅助科学"。若与鲍瓦的《历史研究入门》（一五九面以下，一九二七年本），斐德儿的《历史研究法教科书》（一九二四年本，四十六到五十三面）相对照，则各有出入，不相雷同。照鲍瓦的意见，应加"金石学"（Inschriftenkunde Epigraphik）、版本学（Inkunabelkunde）；若照斐德儿所说，应加"埃及文书学"（Papyruskunde），古物学、新闻学、图书馆、档案馆与博物馆学。

斐德儿又分历史的补助科学为"实用的补助科学"（materielle Hilfswissenschaften）与"工具的补助科学"（instrumentale Hilfswissenschaften）两大类。实用的补助科学等于班海穆所说的广义的历史补助科学。如社会学、政治学、经济学、人种学、哲学等属之。工具的历史补助科学等于班海穆所说的九种历史补助科学，如印章学、年代学、徽章学等属之。

总之，欧洲学者所说狭义的历史补助科学，如上述印章、古文字等目，证以我国历史，大致有类似的部门，但我国历史长久，记载繁多，为时间所限，一时尚不能作比较的研究。

此外又有许多特别的风俗，如"避讳"及"天干地支纪年（甲子纪年）"、"闰朔"、"纪元"之类，排比起来，名目尚繁，都可算作工具类的历史补助科学。比方陈援庵先生著的《避讳学》、《二十史闰朔表》、《中西回史日历》等都是我国近二十年新出版研究历史的工具书，当然也都是最好的历史补助科学。若有人将王国维先生们已着手考定的"历代度量衡"，再加放大，拿我国现在规定及通行的度量衡作基础，考定汉朝有什么尺什么秤，唐朝有些什么尺什么秤……它们等于现行的官尺若干，通行的某尺若干。西汉的一石等于现在的几斗……绘成图表，制成"自汉至清成套的尺秤"，或"对照的折算表"，再能于西洋各国通行的度量衡附带比较，也是一种很有用的研究历史的工具书。商务印书馆的《人名大字典》，检阅不便，又不注明出处，及某人有无专传及是否见于念四史，他的生卒年月如何，有什么专门研究，及已成、未成、现存、已亡的著作，庞大一册，不便检查。查到了也没有什么用处，急须从新改作。前人的"纪元编"、"纪元考"等,若能先列一表,后附字典式的解说,以类相从,如"永乐"有三个人用作纪元,"绍兴"有南宋与西辽用作纪元。自汉到现代无论"正统"、"借号",一共有多少纪元,我国以外,如日本、高丽等,作为附录,也是一种有用的工具书。其他如目录、官名、谥号,都有整理成为研究历史工具或补助科学的必要。至于"虎将"、"金牌",可归入徽章;疆域、沿革图表、地名辞典,可归入历史地理、书写品沿革,可归入古文书学……可以无须专举。这些科目若能善为编制,都是极有用的研究历史的工具书,也都是我们特有的历史补助科学。

后　记

民国十一年，姚从吾师留学德国，二十三年归来，任北京大学历史系教授，讲授蒙古史及历史方法论。那时距离一八二四年德国新史学的开始一百一十年，距离德国名历史方法论家班海穆（E. Bernheim, 1854—1937）一八九四年出版他的大著《历史方法论与历史哲学》（*Lehrbuch der Historischen Methode und der Geschichtsphilosophie*）四十年，距离班氏一九二六年出版他的另一部极有名的小书《历史学导论》（*Einleitung in die Geschichtswissenschaft*）不到十年，德国的史学，那时居于世界先导的地位，从吾师钻研于柏林大学，俯仰于莱茵河畔，归国后行装甫卸，即在国内最有影响力的大学讲授历史方法论，是极富有意义的。从此为中德史学交流史，展开了新的一页。

从北京大学时代开始，以后在昆明的西南联大，在河南大学校长任内，以及在台湾大学的二十年，从吾师是每年都开历史方法论这门课的，这将近延续了四十年。在课堂上，他以一半以上的时间，介绍德国从乐克（Leopold von Ranke，1795—1886）到班海穆的史学。北大时代，曾将班氏《历史学导论》译成中文，用为参考讲义。在台大，每年都印发一部分讲义，其中涉及最多的是德国史学。如"近代欧洲历史方法论的起源""略论直接史料中几类最佳的史料""略论历史学的补助科学"，多采用班氏之说，而济以国史的例证。临终前他曾将讲义"近代欧洲历史方法论的起源"改写后，发表在中国历史学会《史学集刊》第二期上面，详言德国尼博儿（Barthold Georg Niebuhr，1776—1831）、乐克的治史方法，认为两氏创立了一种"语言文字的批评方法"（die philologisch-kritischen Methode）。这是他将《历史方法论》讲义改写后发表出来的唯一的一篇，也是他最后发表的一篇文章，只校过一校，未及看到改正稿，便与世长辞。

北大时代从吾师讲授《历史方法论》的大纲，已经不可得而知。民国三十二年在昆明西南联大所印发的《历史研究法十讲》目录尚存，十分珍贵，谨列举于后。

甲编　通论

　　第一讲　历史学的性质

　　第二讲　历史学的定义

　　第三讲　历史演进的大势与历史的任务

乙编　方法论与史源学

　　第四讲　说直接的史料与间接的史料

　　第五讲　说有意的史料与无意的史料

　　第六讲　何为史料外部的批评与内部的批评

　　第七讲　史料的解释、史料的综合与史料的叙述

丙编　历史的补助科学与历史观

　　第八讲　略论历史学的补助科学

　　第九讲　欧洲近代通行的几种历史观（上）

　　第十讲　欧洲近代通行的几种历史观（下）

一九六九年在台大所印发的《历史方法论十讲》目录则如下。

　　一、导　论

　　　甲、通论：（历史的理论）——

　　　（1）性质（略谈历史在人文科学中的地位）

　　　（2）定义（定义的举例）

　　　（3）任务与用途

二、历史学的性质

三、历史学的定义

四、历史学的任务（兼谈历史的用处）

 乙、方法论——

 （1）方法论的溯源；

 （2）史源学略说；

 （3）史料的分析与批评；

 （4）史料的解释与叙述。

五、近代欧洲历史方法论的起源与史源学略说

六、说直接的史料与间接的史料

七、说有意的史料与无意的史料

八、史料外部的批评与内部（内容）的批评

九、史料的解释、史料的选择与史料的叙述

十、实习与讨论：（从下列四个题目中，任选一个，试作一篇读书报告）

（1）转手记载何以不如原书？（或"转手记载不如原书的举例"，试利用《通鉴》比证宋以前的正史。）

（2）如何考定历史上的年代。（另发举例式的资料）

（3）如何考定历史上错误的人名。

（4）我国历史绵延没有中断的说明或解释。

以上十讲，印成讲义的，只有导论、近代欧洲历史方法论的起源、略论直接史料中几类最佳的史料、略论历史学的补助科学四讲，本集全部收入。转手记载不如原书的举例，是实习与讨论中的一部分。说史料的解释，是从从吾师残稿中发现出来的，字迹颇为工整（从吾师是一向不讲究书法的），可能即将送讲义组油印。冥搜博罗，所能得者尽于此，从吾师将近四十年的心血，也尽在此。其他在课堂上的讲授，已经无法追寻了。

讲义以外，从吾师也经常印发辅助教材，如胡适之《校勘学方法论》（序陈垣先生的《元典章校补释例》）、李万居译法国里赛著《历史与科学》、朱光潜译克罗齐《论历史学》，《读者文摘》节译美国杜兰特夫妇合著《历史的教训》等等，是经常油印给学生阅读的。为了讨论如何确定史料的年代，曾将胡适之的《评论近人考据老子年代的方法》、梁任公的《唐玄奘贞观元年出国赴印说》（见梁著《中国历史研究法》）、陈援庵的《唐玄奘贞观三年出国赴印说》（原名《书内学院新校〈慈恩传〉后》）、洪钧的《太祖年寿考异》（《元史译文证补》卷一下）、陈援庵的《耶律楚材之生卒年》，油印成一册，以供借镜。这应当是教历史方法论极好的一种方法。从吾师说："历史学所最忌讳的是空论与狡辩。"（见《导论》）"方法可以说是有效的经验。"（同上）"学理与实践应力求互相辅导与互相配合。"（同上）他是在力求学理与实践的合一。每年让学生们写一至两篇读书报告，目的就是为了让学生们实际的去做，而不流于虚玄。

我上从吾师历史方法论的课，是在一九五二年到一九五三年之间。第一堂课，记忆犹新，他满面笑容地走进来，开头即以识途老马自喻，强调方法寓于工作之中，并以骑马游泳作例子，"骑马要坐在马背上"，"游泳要跳到河里去"。大概凡是上过他这门课的学生，都不会忘记这两个深入而浅出的例子。讲到第四讲，即是《近代欧洲历史方法论的起源》，他脸上突现光彩，声音也越发洪亮了："一八二四年德国的新史学开始。这一年德国青年史学家乐克的名著《一四九八到一五三五年间罗马民族与日尔曼民族的历史》（*Geschichten der Romanischen und Germanischen Völker von 1498 bis 1535*）出版，书后附有长文，用批评的方法去研究人类的历史，近代历史科学研究的新基础，自此确立。"至于讲史源学，讲直接史料与间接史料，讲史料的外部批评与内部批评，他兴致都极浓，精见亦随之涌出。一年下来，笔记并记不多，可是有些史学上的原则原理，却能牢记在心头，如"转手记载不如原书"，"亲见亲闻的史料可贵"，"同时人的记载可贵"，"以汉还汉，以唐还唐"，"实事求是，注重证据"，"解释史料有五忌，忌强不可以为知，忌附会，忌断章取义，妄改原字，忌以先入之见，歪曲事实，忌把可能性当作已实现的事实"，"文学家是画美，追求的是优美；历史是画我，追求的是真实"等等都是。这一些虽只是历史方法论的一部分，却不能否认是极重要的一部分，尤其是对于初学历史的学生来说，不从此入手，即有入魔的危险。台大历史系毕业的学生，大致都能辨认史料，保持客观，从吾师的贡献，是不容忽视的。

一九六四年秋天，从吾师让我和他合开历史方法论，是年九月十五日他寄给我一封信，上面很恳切地说："历史方法论，兄（按从吾师对弟子皆以兄呼之）教第一学期，弟教第二学期，可以印发些东西，供同学参考。我们立志把这一课教好。我想，互相磋商，常常反省，即令一时不如理想，久而久之，也许会慢慢好起来的。"九月二十三日又来一信说："弟拟讲六题或七题供一学期之用。（拟将旧日目录改为以下六题；通论就不讲了。如下：①德国 Bernheim 等历史方法论的介绍。②史料的分类与分析。③史料的解释。④史料的批评。⑤史料的选择与叙述。⑥略谈历史学的补助科学等。兄认为适当否？如何分配，可以随时商定。）兄上学期拟如何？又导论可用否？如何改正，增补，均待与兄面谈后再定。这一课我教得太久了，应改变，改变，但如何改法，请兄尽量贡献意见，万勿客气。余面谈。"从以上两封信，可以看出从吾师对历史方法论这门课求好求变的心情，其不耻下问的谦虚胸怀，尤令人肃然起敬。五六年下来，这门课的合开，极为顺利，从吾师的史学观念，也在转变之中。他感觉乐克的史学已旧，历史也决不可能完全客观，搜购欧美谈历史方法论的新书，是他逝世前几年所积极做的工作之一。

从吾师实际从事研究，也确能应用他所讲的一套历史方法论。在《元初封龙山三老之一李治与关于他的若干问题》（载于《陈百年先生执教五十周年暨八秩大寿纪念论文集》）一文中，不但充分应用了班海穆确定史料可信程度的方法，同时也详加介绍，谨录引于此，以作本集的补充：

> 近代德国历史方法论大家班海穆在名著《历史方法论》与《历史哲学与历史学概论》二书中，曾讨论史料可信程度确定的方法。他举示了若干原则，来决定记载类中，那些史料是可以相信的。他所指示的第一原则："凡是两种记载，不相钞袭，即是毫不相干的两部书，但所记录某事相同，则这种记载是可信的。"第二原则："凡是有客观的证据，如日蚀、干支纪年、民族习惯（如避讳）等，可资佐证者，这一类的记事，确实可信。"其他尚有第三、第四原则，因与我们此刻的研究无关，从略。第一原则的实例，如考证元太祖（成吉思汗）年岁的问题。元太祖的年岁，通行有两种

说法。一种说他活了六十六岁,《元史太祖纪》、《圣武亲征录》等主之。另一种说他活了七十二岁(中国的算法七十三岁),波斯伊耳汗国拉施特哀丁的集史主之。光绪年间吴县洪钧(一八三九——一八九三)利用西方的治史方法,作了一篇《太祖年寿考异》(附见所著《元史译文证补》卷一(下)的后面),把拉施特哀丁所说太祖生于猪年(乙亥,一一五五)死于猪年(丁亥,一二二七)订婚时也在猪年(丁亥,一一六七)的说法,来与我国赵珙一二二三年作的《蒙鞑备录》中所说:"今鞑主帖木真以草青纪年,详推之,应生于甲戌年或乙亥"之说对证。因为拉施特哀丁的《集史》与赵珙的《蒙鞑备录》这两部书,是绝对不会钞袭的,但两书所说太祖年岁两相符合。则拉施特哀丁与赵珙两人所说太祖七十二岁,是完全可以相信的。第二,客观证据的原则(如天文、干支纪年、民俗习惯等的证据)实例甚多。例如我国的五经中的《诗经》等,欧洲人最初也是不肯轻易相信的。但是因为《诗经》中有"十月之交,朔日辛卯,日有蚀之"的记载,他们曾拿来切实加以推算,证明在当时,中国西北区,渭水流域,确实是有日蚀的,因此他们才全部相信了。又如近人新会陈氏考证元初耶律楚材的生卒年。楚材活了五十五岁,但他的卒年则有癸卯(宋子贞的中书令耶律公神道碑）与甲辰（《元史》一四六《本传》）两种说法。陈先生根据"楚材三岁丧父"，"六月丙午父死"，"八月辛巳章宗临奠"等一些干支纪年纪日的据点，详查《金史》，则知只有明昌二年（辛亥，一一九一）"六月戊寅朔，丙午为六月二十九日。""八月丁丑朔，辛巳为八月初五日。"其余前后两年，六月没有丙午，八月也没有辛巳。由是确知楚材三岁的时候，是金章宗明昌二年（一一九一）。前三年生，则当生于金世宗大定二十九年（一一八九）己酉。生于己酉（一一八九），活了五十五岁，自然是死于癸卯（一二四三）了。这种干支纪年法，有客观的真实性，所以用这种研究方法找到的证据与所得的结论，是可以相信的。

总之，从吾师凭其深厚的国史基础，以及丰富的治史经验，很实际地将德国史学介绍到中国来。西方史学的输入，是近代中国史学上的一件大事，就德国史学的输入而言，从吾师应是贡献最大的一位了。

最后须言明者，从吾师所发讲义，文字与内容，随所发时间的先后而有所不同；有时是文字上的润饰，有时是内容上的增添与修正。本集所收，皆为其最后印发者，《近代欧洲历史方法论的起源》一讲，则依其所发表于《史学集刊》者为准。

自从吾师去年四月十五日逝世，忽忽已将一年，残稿尚在，而音容已杳，抚今思昔，为之泫然！

一九七一年四月八日受业杜维运敬记于台大